U0592995

黎治国 李外禾 倪春华 著

理解中国式现代化

理论与实践探索

经济管理出版社
ECONOMY & MANAGEMENT PUBLISHING HOUSE

图书在版编目（CIP）数据

理解中国式现代化 ：理论与实践探索 / 黎治国，李
外禾，倪春华著. -- 北京 ：经济管理出版社，2025. 8.
ISBN 978-7-5243-0418-0

Ⅰ. D61

中国国家版本馆 CIP 数据核字第 2025XY1077 号

组稿编辑：申桂萍
责任编辑：申桂萍
责任印制：许　艳
责任校对：王淑卿

出版发行：经济管理出版社
　　　　　（北京市海淀区北蜂窝 8 号中雅大厦 A 座 11 层　 100038）
网　　址：www. E-mp. com. cn
电　　话：（010）51915602
印　　刷：北京市海淀区唐家岭福利印刷厂
经　　销：新华书店
开　　本：720mm×1000mm/16
印　　张：10.75
字　　数：171 千字
版　　次：2025 年 8 月第 1 版　　2025 年 8 月第 1 次印刷
书　　号：ISBN 978-7-5243-0418-0
定　　价：88.00 元

·版权所有　翻印必究·

凡购本社图书，如有印装错误，由本社发行部负责调换。

联系地址：北京市海淀区北蜂窝 8 号中雅大厦 11 层

电话：（010）68022974　　邮编：100038

课题组成员

顾　问：傅　云　　李学义　　冯星贵　　石　鹏
主　任：黎治国　　李外禾　　倪春华
副主任：杜承武　　杨　雄　　徐中梅
成　员：赵晓明　　贾　波　　冉　英　　向思洁
　　　　洪业应　　陈艺洁　　钱　敏　　余红力
　　　　卢　琳　　蒋　勇　　聂永放　　许　萍
　　　　张馨月　　王为民　　宋晓云　　赵　菲
　　　　向云琦　　陈　胜　　张　兵

前　言

　　党的二十大报告指出，以中国式现代化全面推进中华民族伟大复兴。现代化，是一个让人百感交集的词汇；实现现代化，是近代以来中国人民梦寐以求的目标。

　　现代化主要是指工业革命以来人类社会在经济、政治、文化等各个方面所发生的深刻变化，包括从传统经济发展方式向现代市场经济发展方式、从传统社会结构和社会管理模式向现代社会结构和社会治理模式、从传统政治文明向现代政治文明、从传统精神文化向现代精神文化、从传统人与自然关系向现代人与自然关系的转变。在以工业革命为发端的现代化历史进程中，马克思和恩格斯在《共产党宣言》中描绘的资产阶级所推动的现代化的狂飙突进般的发展，是资产阶级在它不到一百年的阶级统治中所创造的生产力比过去一切世代创造的全部生产力还要多、还要大的结果。自然力的征服，机器的采用，化学在工业和农业中的应用，轮船的行驶，铁路的通行，电报的使用，整个大陆的开垦，河川的通航，还有仿佛用法术从地下呼唤出来的大量人口，使马克思和恩格斯惊叹道："过去哪一个世纪料想到在社会劳动里蕴藏有这样的生产力呢？"然而，与高歌猛进的现代化相随的不仅有作为现代化发展重大力量的帝国主义、殖民主义发动的侵略和战争、掠夺和杀戮，还有资本导致的生态灾害频发、人文精神失落等一系列灾难和病痛。世界现代化的车轮进入新世纪，人们期望世界现代化会有新的希望和新的发展机遇，然而，世界之变、时代之变、历史之变以一种前所未有的方式展开，人类社会面临着前所未有的挑战，世界又一次面临对文明进步和野蛮倒退的抉择。世界百年未有之大变局加速演进，霸权主义、单边主义、保护主义、种族主义甚嚣尘上，恃强凌弱、巧取豪夺、零和博弈等霸权霸道霸凌行径有恃无恐，和平赤字、发展赤字、信任赤字、安全赤字、治理赤字进一步加重，经济全球化遭遇强大的逆流冲击，世界经济饱受通货膨胀、生态危机、气候变化、能源危机、粮食危机、地缘冲突等因素拖累，全球经济的下行风险不断集聚，这些前所未有的风险挑战使人们产生了"现代化怎么了""世界怎么了""时代怎么了""人类向何处去"等一系列疑问。

1840 年鸦片战争以后，中国逐步成为半殖民地半封建社会，国家蒙辱、人民蒙难、文明蒙尘，中华民族遭受了前所未有的劫难。一批又一批仁人志士为救国救民而苦苦追寻，不断探寻适合自身的现代化道路。许多政治力量进行了各种探索，种种救国方案也一度各显身手，但都以失败告终。直到中国共产党登上历史舞台，团结带领人民坚持把马克思主义基本原理与中国具体实际相结合，立足我国基本国情和发展实践进行独立自主的探索，使中国仅用几十年时间就走完了发达国家几百年走过的工业化历程，从一穷二白、积病积弱发展成为今天全球瞩目的世界第二大经济体，创造了经济持续健康发展、人民生活水平显著提高、共同富裕扎实推进、文化繁荣昌盛、社会和谐稳定、生态文明建设成效显著等一系列中国奇迹。

中国式现代化道路，既遵循世界现代化的一般规律，又探索中国作为后发国家走向现代化的特殊规律，极大地丰富和拓展了现代化理论和实践，给广大发展中国家走向现代化提供了有益借鉴，给世界上那些既希望加快发展又希望保持自身独立性的国家和民族提供了全新选择。中国式现代化是牢牢扎根于中国大地、切合中国国情和极大地提升人民福祉和生活品质的现代化，既充分体现了中国特色社会主义建设规律、中国共产党执政规律，也有世界各国现代化的共同特征，体现了人类社会发展规律。中国式现代化是前无古人的伟大创举，破解了人类社会发展的一系列重大难题，摒弃了西方以资本为中心的现代化，贫富悬殊和两极分化的现代化，生产主义、物质主义和消费主义极度盛行的现代化，人与自然关系紧张对立的现代化，对外扩张掠夺的现代化，极大地拓展了发展中国家走向现代化的路径，为人类在现代化进程中更好地进行社会制度的探索和迈向更加美好的未来提供了中国智慧和中国方案。当下，中国特色社会主义已经进入新时代，以中国式现代化全面推进中华民族伟大复兴进入了不可逆转的历史进程，以中国式现代化全面推进中华民族伟大复兴的理论真理之光和实践独创伟力必将会随着时间推移、实践深入而越来越鲜明地展现出来，必将在世界现代化历史进程中彪炳史册。

为了准确把握党中央作出以中国式现代化推进中华民族伟大复兴战略的精神实质，深入贯彻落实党的二十大各项决策部署，切实把重庆涪陵全区党员干部的思想和行动统一到党中央的决策部署上来，把智慧和力量凝聚到全面贯彻落实党的二十大精神的实践上来，中共重庆市涪陵区委党校组织部分理论工作者编写了《理解中国式现代化：理论与实践探索》一书。该书紧紧围绕党的二十大精神，研究中国式现代化，从问题提出、理论梳理、背景分析、现状剖析、措施建议等方面深入阐释。全书深入浅出、通俗易懂，具有较强的理论性、针对性和可操作性，有利于涪陵区广大党员干部学习掌握党中央作出以中国式现代化推进中华民族伟大复兴战略的精神实质，进一步增强全面贯彻落实党的二十大精神的自觉性、主动性、创造性，以及推动涪陵建设"三高地三示范区"（先进制造业高地、科技创新和产业创新高地、开放合作高地；城乡融合发展示范区、全面绿色转型示范区、高品质生活示范区）的积极性、主动性和创造性。

课题组

2024 年 2 月

目　录

第一章　绪论

党的二十大报告指出，"从现在起，中国共产党的中心任务就是团结带领全国各族人民全面建成社会主义现代化强国、实现第二个百年奋斗目标，以中国式现代化全面推进中华民族伟大复兴"。中国式现代化引发热议和关注。

第一节　中国式现代化的形成逻辑

2022 年，习近平总书记在第二十届中共中央政治局常委同中外记者见面时强调："中国式现代化是中国共产党和中国人民长期实践探索的成果，是一项伟大而艰巨的事业。"深入理解中国式现代化的形成逻辑，对于激励我们自信自强、踔厉奋发迈向全面建设社会主义现代化国家新征程具有十分重要的意义。

一、中国式现代化形成的理论逻辑

中国式现代化的理论渊源是多元的，最主要的是对马克思主义现代化理论的继承与发展、对中华优秀传统文化的弘扬与超越。

马克思主义的社会理想为中国式现代化指明了方向。马克思主义认为，生产力是推动社会进步最活跃、最革命的要素。资本主义制度作为对封建制度的否定，在历史上曾经起到非常革命的作用，"资产阶级在它的不到一百年的阶级统治中所创造的生产力，比过去一切世代创造的全部生产力还要多，还要大"①。但马克思、恩格斯对社会发展的研究从来都不是"唯生产力论"，而是把生产力和生产关系、经济基础和上层建筑放在一起进行研究。在资本主义制度下，生产劳动异化为"资本家对工人的统治，就是物对人的统治，死劳动对活劳动的统治，产品对生产者的统治"②，其结果是资本家财富的积累和无产阶级相对贫困的积累。资本主义私有制是劳动异化产生的根源。无产阶级只有推翻资本主义制度，创立社会主义制度，才能"给所有的人提供健康而有益的工作，给所有的人提供充裕的物质生活和闲暇时间，给所有的人提供真正的、充分的自由"③。

　　中国古代丰富的社会理想为中国式现代化提供了有益滋养。"大同社会"是中国古人提出的理想社会，所谓"大道之行也，天下为公，选贤与能，讲信修睦。故人不独亲其亲，不独子其子，使老有所终，壮有所用，幼有所长……货恶其弃于地也，不必藏于己；力恶其不出于身也，不必为己"。中华优秀传统文化排斥和鄙视那种损人利己、伤天害理、为富不仁、唯利是图的社会行为，推崇和赞美崇仁爱、重民本、守诚信、讲辩证、尚和合、求大同的思想理念。先辈们的理念尽管只是对社会图景的憧憬，但也为中国式现代化的发展历程提供了重要启迪。

二、中国式现代化形成的历史逻辑

　　中国近代史充分证明了"落后就要挨打"的道理。我们用大刀长矛对抗列强的火枪大炮，用农业文明与几乎空白的近现代工业去应战西方成熟的工

---

①　马克思，恩格斯．共产党宣言［M］．北京：人民出版社，1997：33.

②　马克思，恩格斯．马克思恩格斯全集（第49卷）［M］．北京：人民出版社，1965：48.

③　马克思，恩格斯．马克思恩格斯全集（第21卷）［M］．北京：人民出版社，1965：570.

业文明与完备的工业体系，只能以溃败收场。但面对苦难，中国人民没有屈服，而是挺起脊梁、奋起抗争。一代代有识之士对救亡图存方案的探索是从"工业化"开始的。以器物现代化为目的的洋务运动，提出了"师夷长技以制夷"，但一场甲午战争宣告了器物现代化梦想的破灭；以制度现代化为目的的百日维新，行"新政"、废八股、兴新学，但在以慈禧太后为首的守旧派的无情打压下夭折了；孙中山领导的辛亥革命推翻了中国延续数千年的封建帝制，建立了资产阶级民主共和国，然而胜利果实几乎被袁世凯的帝制复辟葬送殆尽。中国近代的现代化探索充分说明"在一个半殖民地的、半封建的、分裂的中国里，要想发展工业，建设国防，福利人民，求得国家的富强，多少年来多少人做过这种梦，但是一概幻灭了"①。

中国共产党的诞生，深刻改变了近代以来中华民族发展的方向和进程，以及中国人民和中华民族的前途和命运。在艰苦卓绝的新民主主义革命时期，中国共产党人浴血奋战、百折不挠，就是要"使中华民族来一个大翻身"，推翻压在中国人民头上的"三座大山"，使中国"由半殖民地变为真正的独立国"，创造其"由农业国变为工业国的先决条件"，进而建设一个"被新文化统治因而文明先进的中国"。这个历史任务，是中国实现现代化的政治前提。新民主主义革命的胜利，使中华民族结束了任人宰割、饱受欺凌的时代，开启了独立自主探索迈向现代化、实现民族复兴的历史进程。

中华人民共和国成立之后的首要任务，就是为现代化建设奠定根本政治前提和制度基础。在全新的历史条件下，中国共产党一方面建立和巩固了人民民主专政的国家政权，建立了确保人民当家作主的根本政治制度和基本政治制度，通过对农业、手工业和资本主义工商业的社会主义改造，建立起了社会主义经济基础，实现了中华民族有史以来最为广泛而深刻的社会变革；另一方面开始了实现现代化的积极探索，基于当时世界范围的共识，提出了"由农业国变为工业国"的现代化目标。经过一段时间的摸索，中国共产党正式提出"努力把我国逐步建设成为一个具有现代农业、现代工业、现代国

---

① 毛泽东选集（第三卷）［M］. 北京：人民出版社，1991：1080.

防和现代科学技术的社会主义强国"的现代化建设任务，中国的现代化进入了一个新的历史阶段。

改革开放和社会主义现代化建设新时期的理论创新和成功实践，确立了中国式现代化的根本方向和主要路径，中国的现代化进程呈现出加速度发展态势。在这个时期，我们党对现代化的探索成果主要体现在：提出社会主义现代化建设是我们当前最大的政治，因为它代表着人民最大的利益、最根本的利益；我们搞的现代化，是为了发展社会主义经济，绝不是只有极少数人富起来的现代化；在社会主义条件下，现代化建设发展的主要动力源泉是改革开放，这是决定当代中国命运的关键一招，也是决定现代化建设成败的关键一招；中国式的现代化，必须走生产发展、生活富裕、生态良好的文明发展道路，全面推进社会主义经济建设、政治建设、文化建设、社会建设以及生态文明建设，努力加快实现以人为本、全面协调可持续的科学发展。

三、中国式现代化形成的实践逻辑

党的十八大以来，中国特色社会主义进入新时代，中国式现代化进入新阶段。在以习近平同志为核心的党中央的坚强领导下，在习近平新时代中国特色社会主义思想的指引下，我们党在理论上守正创新，形成了更为完善的中国式现代化的理论体系；在实践成效上，经受住了来自经济、政治、意识形态、自然界等方面的风险挑战和考验，创造了新时代中国特色社会主义的伟大成就，现代化伟业蹄疾步稳地向前推进。新时代十年，为中国式现代化的成功推进和拓展提供了更为完善的制度保证、更为坚实的物质基础、更为主动的精神力量。

（1）我们创立了新时代中国特色社会主义思想，明确坚持和发展中国特色社会主义的基本方略，提出一系列治国理政新理念新思想新战略，实现了马克思主义中国化时代化新的飞跃，坚持不懈用这一创新理论武装头脑、指导实践、推动工作，为新时代党和国家事业发展提供了根本遵循。

（2）全面加强党的领导，明确中国特色社会主义最本质的特征是中国共产党领导，中国特色社会主义制度的最大优势是中国共产党领导，中国共产党是最高政治领导力量，坚持党中央集中统一领导是最高政治原则，系统完善党的领导制度体系，全党增强"四个意识"，自觉在思想上政治上行动上同党中央保持高度一致，不断提高政治判断力、政治领悟力、政治执行力，确保党中央权威和集中统一领导，确保党发挥总揽全局、协调各方的领导核心作用，使我们这个拥有9600多万名党员的马克思主义政党更加团结统一。

（3）对新时代党和国家事业发展作出科学完整的战略部署，提出实现中华民族伟大复兴的中国梦，以中国式现代化推进中华民族伟大复兴，统揽伟大斗争、伟大工程、伟大事业、伟大梦想，明确"五位一体"总体布局和"四个全面"战略布局，确定稳中求进工作总基调，统筹发展和安全，明确我国社会主要矛盾是人民日益增长的美好生活需要和不平衡不充分的发展之间的矛盾，并紧紧围绕这个社会主要矛盾推进各项工作，不断丰富和发展人类文明新形态。

（4）经过接续奋斗，实现了小康这个中华民族的千年梦想，我国发展站在了更高历史起点上。我们坚持精准扶贫、尽锐出战，打赢了人类历史上规模最大的脱贫攻坚战，全国832个贫困县全部摘帽，近一亿农村贫困人口实现脱贫，960多万贫困人口实现易地搬迁，历史性地解决了绝对贫困问题，为全球减贫事业作出了重大贡献。

（5）提出并贯彻新发展理念，着力推进高质量发展，推动构建新发展格局，实施供给侧结构性改革，制定一系列具有全局性意义的区域重大战略，我国经济实力实现历史性跃升。2012～2022年，国内生产总值从54万亿元增长到114万亿元，我国经济总量占世界经济的比重达18.5%，提高7.2个百分点，稳居世界第二位；人均国内生产总值从39800元增加到81000元。谷物总产量稳居世界首位，14亿多人的粮食安全、能源安全得到有效保障。2022年相比2012年，城镇化率提高11.6个百分点，达到64.7%。制造业规模、外汇储备稳居世界第一。建成世界最大的高速铁路网、高速公路网，机场港口、水利、能源、信息等基础设施建设取得重大成就。我们加快推进科技自立自强，全社会研发经费支出从2012年的10000亿元增加到2022年的

28000 亿元，居世界第二位，研发人员总量居世界首位。基础研究和原始创新不断加强，一些关键核心技术实现突破，战略性新兴产业发展壮大，载人航天、探月探火、深海深地探测、超级计算机、卫星导航、量子信息、核电技术、新能源技术、大飞机制造、生物医药等取得重大成果，进入创新型国家行列。

（6）以巨大的政治勇气全面深化改革，打响改革攻坚战，加强改革顶层设计，敢于突进深水区，敢于啃硬骨头，敢于涉险滩，敢于面对新矛盾新挑战，冲破思想观念束缚，突破利益固化藩篱，坚决破除各方面体制机制弊端，各领域基础性制度框架基本建立，许多领域实现历史性变革、系统性重塑、整体性重构，新一轮党和国家机构改革全面完成，中国特色社会主义制度更加成熟、更加稳定，国家治理体系和治理能力现代化水平明显提高。

（7）实行更加积极主动的开放战略，构建面向全球的高标准自由贸易区网络，加快推进自由贸易试验区、海南自由贸易港建设，共建"一带一路"成为深受欢迎的国际公共产品和国际合作平台。我国成为 140 多个国家和地区的主要贸易伙伴，货物贸易总额居世界第一，吸引外资和对外投资居世界前列，形成更大范围、更宽领域、更深层次对外开放格局。

（8）坚持走中国特色社会主义政治发展道路，全面发展全过程人民民主，社会主义民主政治制度化、规范化、程序化全面推进，社会主义协商民主广泛开展，人民当家作主更为扎实，基层民主活力增强，爱国统一战线巩固拓展，民族团结进步呈现新气象，党的宗教工作基本方针得到全面贯彻，人权得到更好保障。社会主义法治国家建设深入推进，全面依法治国总体格局基本形成，中国特色社会主义法治体系加快建设，司法体制改革取得重大进展，社会公平正义保障更为坚实，法治中国建设开创新局面。

（9）确立和坚持马克思主义在意识形态领域指导地位的根本制度，新时代党的创新理论深入人心，社会主义核心价值观广泛传播，中华优秀传统文化得到创造性转化、创新性发展，文化事业日益繁荣，网络生态持续向好，意识形态领域形势发生全局性、根本性转变。我们隆重庆祝中国人民解放军建军九十周年、改革开放四十周年，隆重纪念中国人民抗日战争暨世界反法西斯战争胜利七十周年、中国人民志愿军抗美援朝出国作战七十周年，成功举办北京冬奥会、冬残奥会，青年一代更加积极向上，全党全国各族人民文化自信明显增强、精神面貌更加奋发昂扬。

（10）深入贯彻以人民为中心的发展思想，在幼有所育、学有所教、劳有所得、病有所医、老有所养、住有所居、弱有所扶上持续用力，人民生活全方位改善。截至2022年，我国人均预期寿命增长到78.2岁。居民人均可支配收入从2012年的16500元增加到2022年的35100元。2012~2022年城镇年均新增就业1300万人以上。建成世界上规模最大的教育体系、社会保障体系、医疗卫生体系，教育普及水平实现历史性跨越，截至2022年基本养老保险覆盖10.4亿人，基本医疗保险参保率稳定在95%。及时调整生育政策。2012~2022年改造棚户区住房4200多万套，改造农村危房2400多万户，城乡居民住房条件明显改善。截至2022年，互联网上网人数达10.3亿万人。人民群众获得感、幸福感、安全感更加充实、更有保障、更可持续，共同富裕取得新成效。

（11）坚持"绿水青山就是金山银山"的理念，坚持山水林田湖草沙一体化保护和系统治理，全方位、全地域、全过程加强生态环境保护，生态文明制度体系更加健全，污染防治攻坚向纵深推进，绿色、循环、低碳发展迈出坚实步伐，生态环境保护发生历史性、转折性、全局性变化，我们的祖国天更蓝、山更绿、水更清。

（12）贯彻总体国家安全观，国家安全领导体制和法治体系、战略体系、政策体系不断完善，在原则问题上寸步不让，以坚定的意志品质维护国家主权、安全、发展利益，国家安全得到全面加强。共建共治共享的社会治理制度进一步健全，民族分裂势力、宗教极端势力、暴力恐怖势力得到有效遏制，扫黑除恶专项斗争取得阶段性成果，有力应对一系列重大自然灾害，平安中国建设迈向更高水平。

（13）确立党在新时代的强军目标，贯彻新时代党的强军思想，贯彻新时代军事战略方针，坚持党对人民军队的绝对领导，召开古田全军政治工作会议，以整风精神推进政治整训，牢固树立战斗力这个唯一的、根本的标准，坚决把全军工作重心归正到备战打仗上来，统筹加强各方向各领域军事斗争，大抓实战化军事训练；大刀阔斧深化国防和军队改革，重构人民军队领导指挥体制、现代军事力量体系、军事政策制度，加快国防和军队现代化建设，裁减现役员额 30 万胜利完成，人民军队体制一新、结构一新、格局一新、面貌一新，现代化水平和实战能力显著提升，中国特色强军之路越走越宽广。

（14）全面准确推进"一国两制"实践，坚持"一国两制"、"港人治港"、"澳人治澳"、高度自治的方针，推动中国香港进入由乱到治走向由治及兴的新阶段，中国香港、中国澳门保持长期稳定发展良好态势。我们提出新时代解决台湾问题的总体方略，促进两岸交流合作，坚决反对"台独"分裂行径，坚决反对外部势力干涉，牢牢把握两岸关系主导权和主动权。

（15）全面推进中国特色大国外交，推动构建人类命运共同体，坚定维护国际公平正义，倡导践行真正的多边主义，旗帜鲜明反对一切霸权主义和强权政治，毫不动摇反对任何单边主义、保护主义、霸凌行径。我们完善外交总体布局，积极建设覆盖全球的伙伴关系网络，推动构建新型国际关系。我们展现负责任大国担当，积极参与全球治理体系改革和建设，全面开展抗击新冠疫情国际合作，赢得广泛国际赞誉，我国国际影响力、感召力、塑造力显著提升。

（16）深入推进全面从严治党，坚持打铁必须自身硬，从制定和落实中央八项规定开局破题，提出和落实新时代党的建设总要求，以党的政治建设统领党的建设各项工作，坚持思想建党和制度治党同向发力，严肃党内政治生活，持续开展党内集中教育，提出和坚持新时代党的组织路线，突出政治标准选贤任能，加强政治巡视，形成比较完善的党内法规体系，推动全党坚定理想信念、严密组织体系、严明纪律规矩。我们持之以恒正风肃纪，以钉钉子精神纠治"四风"，反对特权思想和特权现象，坚决整治群众身边的不正之风和腐败问题，刹住了一些长期没有刹住的歪风，纠治了一些多年未除的顽瘴痼疾。我们开展了史无前例的反腐败斗争，以"得罪千百人、不负十四亿"的使命担当祛疴治乱，不敢腐、不能腐、不想腐一体推进，"打虎"

"拍蝇""猎狐"多管齐下，反腐败斗争取得压倒性胜利并全面巩固，消除了党、国家、军队内部存在的严重隐患，确保党和人民赋予的权力始终用来为人民谋幸福。经过不懈努力，党找到了自我革命这一跳出治乱兴衰历史周期率的第二个答案，自我净化、自我完善、自我革新、自我提高能力显著增强，管党治党宽松软状况得到根本扭转，风清气正的党内政治生态不断形成和发展，确保党永远不变质、不变色、不变味。

第二节　中国式现代化的内涵与特征

　　党的二十大报告指出，中国式现代化是人口规模巨大的现代化，是全体人民共同富裕的现代化，是物质文明和精神文明相协调的现代化，是人与自然和谐共生的现代化，是走和平发展道路的现代化。这既体现了中国式现代化的基本内涵，也体现了中国式现代化发展的新思路。

一、人口规模巨大是中国式现代化的基本内涵

　　正如习近平总书记所指，中国是世界上最大的发展中国家。中国发展取得了历史进步，经济总量已经跃升至世界第二位。第七次全国人口普查数据显示，我国人口规模已达到 14.43 亿，充分展现了我国人口规模巨大的现代化特征。人口规模大在我国现代化的发展进程中既是优势也是劣势，既是机遇也是挑战。人口规模大的优势在于：人民是历史的创造者，广大人民在维护现代化发展的稳定性、合法性中起着重要的作用；人口规模大的劣势在于：从经济学角度来说，人口规模与 GDP、GNP 和现代化速度成反比，也就是说人口规模越大人均收入越低、人口规模越大现代化速度越慢。人口规模大的机遇表现为：人才资源是社会发展的第一资源，人才在科学技术研发、综合国力提升等方面的作用明显，合理把握这一基本国情，有利于加速

现代化进程；人口规模大的挑战体现于：从政治学角度来看，人口规模与民生问题息息相关，尤其体现在就业、分配等方面。由此看来，人口规模大已成为我国现代化发展进程中不可回避的问题，我们应力争在充分把握这一国情优势与机遇的基础上，顺应时代要求，走出一条"难中求胜"的道路。

二、全体人民共同富裕是中国式现代化的重要表征

共同富裕反映的是数量与质量统一问题。共同富裕既立足"全体人民"，也追求"全面富裕"。中国式现代化在推进的过程中始终牢牢把握这一内涵。党的十八大以来，习近平总书记立足党情、国情、民情，对推进共同富裕作了定位，即把促进全体人民共同富裕摆在首要位置，强调了人民的主体性；同时，也明确了共同富裕的内涵："我们说的共同富裕是全体人民共同富裕，是人民群众物质生活和精神生活都富裕，不是少数人的富裕，也不是整齐划一的平均主义。"① 展开来说，一是强调富裕的广泛性，共同富裕是"全人民"的富裕，而不是"少数人"的富裕；二是强调"富裕"的全面性，共同富裕不仅涉及物质富、精神富、生态富，还指向物质财富、精神财富与生态文明建设内部协调发展；三是强调"富裕"的长期性，共同富裕"不是整齐划一，而是差别有序"，实现共同富裕的现代化是在动态过程中推进的，强调阶段性目标与特定时期的社会生产力水平相适应，进而实现阶段性与长期性的统一。

三、物质文明与精神文明相协调是中国式现代化的显著特征

正如习近平总书记所说："只有物质文明建设和精神文明建设都搞好，国家物质力量和精神力量都增强，全国各族人民物质生活和精神生活都改善，中国特色社会主义事业才能顺利向前推进。"② 可以看出，中国式现代化

---

① 习近平. 扎实推动共同富裕 [J]. 求是，2021（20）：1.
② 习近平著作选读（第一卷）[M]. 北京：人民出版社，2023：147.

建设在物质文明与精神文明协同发展的基础上推进，既要发挥经济实力对中国式现代化的基础支撑作用，又要利用精神力量推动中国式现代化发展。比如，推进农村现代化既要加速区域经济、农业经济发展，又要开展移风易俗活动、加强乡村道德建设、提升乡村文明建设水平，坚持农村物质文明与精神文明均衡发展、协调发展；又如，城镇化发展既要根据各地经济社会发展水平、资源禀赋与区位优势加强城市之间的经济联系与分工协作，又要开展有别于农村精神文明建设的城镇精神文明建设，积极引导、管理城乡健康有序发展；再如，推进新型工业化既要注重工业化带来的经济优势与效益，又要注重工业化对人民的危害，满足劳动者的精神需求，平衡物质文明与精神文明在工业化建设中的地位。可以说，农村现代化、城镇化、新型工业化作为中国式现代化的具体模式，是在平衡、协调物质文明与精神文明关系的基础上推进的。

四、人与自然和谐共生是中国式现代化的内在要求

把中国式现代化定义为"人与自然和谐共生的现代化道路"符合我国的总体布局、新发展理念、基本方略、治理方略。在"五位一体"总体布局中，生态文明建设占据一位；在新发展理念中，绿色发展是一大理念；在基本方略中，"人与自然和谐共生"是千年大计；在三大攻坚战中，污染防治是一大攻坚战。不仅如此，将中国式现代化道路看作一条人与自然和谐共生的现代化道路也符合我国的发展阶段，即2030年前我国二氧化碳排放力争达到峰值，2035年美丽中国目标基本实现，2060年前我国将努力实现碳中和。中国式现代化道路是一条人与自然和谐共生的现代化道路，不仅体现在理论层面，更归于实践之中。一方面，党和国家整治了一批破坏环境事件，如甘肃祁连山生态环境破坏案件、陕西秦岭北麓违建别墅案件、青海木里矿区非法开采案件等，体现了中国式现代化道路必须合乎规律性与目的性；另一方面，党和国家采取了一系列保护环境的措施，如加强长江三角洲修复工程、合理使用土地、坚持走"新四化"同步发展

之路等。以上均证实，中国式现代化道路是一条人与自然和谐共生的现代化道路。

五、走和平发展道路是中国式现代化的重要组成部分

我国走的是和平发展的现代化道路，集中体现在我们党对"和平与发展"主题的把握，体现在我们党一系列实践活动中，也蕴藏在我们党的先进理论中。正如习近平总书记指出，我国由积贫积弱发展成为世界第二大经济体，靠的不是对外军事扩张和殖民掠夺，而是人民勤劳、维护和平。具体说来，我国走和平发展的现代化道路，不仅体现在通过维护世界和平来发展自己，也体现在通过自身发展来维护世界和平。一方面，我们既积极坚持对外开放，推动构建人类命运共同体，弘扬和平、发展、公平等全人类共同价值，也积极贯彻做"世界和平的建设者、全球发展的贡献者、国际秩序的维护者"的理念；另一方面，我们既强调合作共赢，维护民族与地区和平稳定，也始终聚焦发展主题，努力为人类文明进步与世界和平发展贡献更大力量。

第三节　中国式现代化的目标与任务

党的二十大报告提出，全面建成社会主义现代化强国，总的战略安排是分两步走：从二〇二〇年到二〇三五年基本实现社会主义现代化；从二〇三五年到本世纪中叶把我国建成富强民主文明和谐美丽的社会主义现代化强国。这一战略安排，明确了中国式现代化的目标任务，展现了中华民族伟大复兴的壮丽前景。

一、准确把握到 2035 年我国发展的总体目标

党的二十大报告围绕基本实现社会主义现代化，从八个方面进一步明确了到 2035 年我国发展的目标任务，提出了更高的要求。

（1）经济实力、科技实力、综合国力大幅跃升，人均国内生产总值迈上新的大台阶，达到中等发达国家水平。我国已进入高质量发展阶段，从经济发展能力和条件看，有希望、有潜力在质量效益明显提升的基础上长期平稳发展，到 2035 年实现经济总量或人均国内生产总值比 2020 年翻一番。我国人均国内生产总值 2021 年达到 12551 美元、超过世界平均水平，到 2035 年将达到中等发达国家水平。经济结构优化升级，全要素生产率大幅提升，社会生产力水平显著提高。

（2）实现高水平科技自立自强，进入创新型国家前列。国家创新体系效能全面提升，国家战略科技力量和高水平人才队伍居世界前列，基础研究和原始创新能力全面增强，关键核心技术实现重大突破和自主可控，更多科技前沿领域实现并跑和领跑。全社会研发经费投入强度、基础研究经费投入占研发经费投入比重达到主要发达国家水平。我国全球创新指数排名进入世界前列，科技进步贡献率大幅提升。

（3）建成现代化经济体系，形成新发展格局，基本实现新型工业化、信息化、城镇化、农业现代化。转变发展方式取得决定性进展，经济质量效益和核心竞争力显著提高。形成以国内大循环为主体、国内国际双循环相互促进的新发展格局，生产、分配、流通、消费更多依托国内市场，参与国际经济合作和竞争新优势明显增强，国民经济实现良性循环。由制造大国迈入制造强国，产业链供应链基本安全可控、韧性显著增强，实现产业基础高级化、产业链现代化。数字经济与实体经济深度融合，公共服务、社会治理等领域数字化智能化水平大幅提升。以城市群为主体、大中小城市和小城镇协调发展的城镇化格局基本形成，常住人口城镇化率、户籍人口城镇化率大幅提高，以人为核心的新型城镇化基本实现，城市品质明显提升。乡村振兴取

得决定性进展，农业综合生产能力明显提高，国家粮食安全和重要农产品有效供给得到更好保障，现代乡村产业体系基本形成。

（4）基本实现国家治理体系和治理能力现代化，全过程人民民主制度更加健全，基本建成法治国家、法治政府、法治社会。中国特色社会主义根本制度、基本制度、重要制度更加完善。社会主义民主政治建设进一步加强，全过程人民民主更加广泛、更加充分、更加健全，人民当家作主制度体系更加完善。依法治国得到全面落实，形成完备的法律规范体系、高效的法治实施体系、严密的法治监督体系、有力的法治保障体系，形成科学立法、严格执法、公正司法、全民守法的良好格局。

（5）建成教育强国、科技强国、人才强国、文化强国、体育强国、健康中国，国家文化软实力显著增强。建成服务全民终身学习的现代教育体系，劳动年龄人口平均受教育年限进一步提高，普及有质量的学前教育，实现优质均衡的义务教育，全面普及高中阶段教育，职业教育服务能力显著提升，高等教育竞争力明显提升，总体实现教育现代化。基本实现科学技术现代化，建成更多世界主要科学中心和创新高地，一大批国家科研机构、研究型大学和科技领军企业进入世界前列，形成高水平开放创新生态。人才结构更加优化，人才质量显著提升，各类高层次人才更多涌现，成为世界重要人才中心。文化事业进一步繁荣，现代文化产业体系基本形成，国民思想道德素质、科学文化素质明显提高。体育综合实力和国际影响力居世界前列。人均预期寿命提高到80岁以上，人口长期均衡、可持续发展。中华文化影响力、中华民族凝聚力显著增强。

（6）人民生活更加幸福美好，居民人均可支配收入再上新台阶，中等收入群体比重明显提高，基本公共服务实现均等化，农村基本具备现代生活条件，社会保持长期稳定，人的全面发展、全体人民共同富裕取得更为明显的实质性进展。人民生活水平和质量显著提升，拥有更好的教育、更稳定的工作、更满意的收入、更可靠的社会保障、更高水平的医疗服务、更舒适的居住条件、更优美的环境、更丰富的精神文化生活。低收入群体规模显著减少，基本形成以中等收入群体为主体的"橄榄型"社会结构。公共服务体系健全完善，实现基本公共服务覆盖全民、兜住底线、均等享有。农村基础设施和公共服务明显改善，基本建成具备现代生产生活条件的宜居宜业和美乡村。改革发展成果更多、更公平地惠及全体人民，城乡区域发展差距和居民生活水平差距明显缩小，人的全面发展能力持续提升，人民获得感、幸福感、安全感更加充实、更有保障、更可持续。

（7）广泛形成绿色生产生活方式，碳排放达峰后稳中有降，生态环境根本好转，美丽中国目标基本实现。清洁低碳、安全高效的能源体系和绿色低碳循环发展的经济体系基本建立，各类主要资源利用效率、主要污染物排放强度、碳排放强度接近发达国家平均水平，碳排放总量力争在 2030 年前实现达峰后稳中有降。大气、水、土壤等环境状况明显改善。生态安全屏障体系基本建立，森林、草原、荒漠、河湖、湿地、海洋等自然生态系统状况实现根本好转，形成生产空间安全高效、生活空间舒适宜居、生态空间山青水碧的国土开发格局。

（8）国家安全体系和能力全面加强，基本实现国防和军队现代化。平安中国建设达到更高水平，国家安全法治体系、战略体系、政策体系、人才体系和运行机制更加健全，粮食安全、能源安全、重要产业链供应链安全和公共安全保障能力全面提高。坚持富国和强军相统一，军事理论、军队组织形态、军事人员、武器装备现代化全面推进，国防和军队建设达到世界先进水平。

二、准确把握到本世纪中叶我国发展的远景目标

党的二十大报告提出，在基本实现现代化的基础上，我们要继续奋斗，到本世纪中叶，把我国建设成为综合国力和国际影响力领先的社会主义现代化强国。到那时，我国物质文明、政治文明、精神文明、社会文明、生态文明将全面提升，统筹推进"五位一体"总体布局将取得标志性成果。在经济建设方面，全面形成高质量发展模式和高水平的现代化经济体系，国家创新能力、社会生产力和核心竞争力名列世界前茅，成为全球主要科学中心、创

新高地和重大科技成果主要输出地。在政治建设方面，全面实现国家治理体系和治理能力现代化，中国特色社会主义制度更加巩固、优越性充分发挥，全面建成法治国家、法治政府、法治社会，充分实现全过程人民民主，社会主义民主政治更加成熟完善。在文化建设方面，在全社会形成与社会主义现代化强国相适应的理想信念、价值理念、道德观念和精神风貌，全民族文化创新创造活力充分释放，公民文明素质和社会文明程度显著提高，中国精神、中国价值、中国力量在全球进一步彰显。在社会建设方面，全体人民共同富裕基本实现，全社会实现高质量的充分就业，收入分配的公平程度排在世界前列，城乡居民将普遍拥有较高的收入、富裕的生活、健全的基本公共服务，社会充满活力而又规范有序。在生态文明建设方面，美丽中国全面建成，天蓝、地绿、水净、山青的优美生态环境成为普遍形态，实现人与自然和谐共生的现代化，成为全球生态环境保护领先的国家。到那时，具有5000多年文明历史的中华民族将焕发出前所未有的生机活力，将以更加昂扬的姿态屹立于世界民族之林。

第四节　中国式现代化的根本遵循

党的二十大报告指出，全面建设社会主义现代化国家，是一项伟大而艰巨的事业，前途光明，任重道远。前进道路上，必须牢牢把握五项重大原则：坚持和加强党的全面领导，坚持中国特色社会主义道路，坚持以人民为中心的发展思想，坚持深化改革开放，坚持发扬斗争精神。这五项重大原则是对党和人民长期奋斗历史经验的科学总结和丰富发展，为推进和拓展中国式现代化提供了根本遵循。

一、坚持和加强党的全面领导是根本保证

中国共产党领导是中国特色社会主义最本质的特征，是中国特色社会主义制度的最大优势，是党和国家的根本所在、命脉所在，是全国各族人民的利益所系、命运所系。中国式现代化是我们党领导人民不断探索开创的。没有中国共产党，就没有中国式现代化。"中国式现代化，是中国共产党领导的社会主义现代化"，中国共产党领导是中国式现代化的根本保证。办好中国的事情，关键在党。全面建设社会主义现代化国家、全面推进中华民族伟大复兴，关键在党。坚持和加强党的全面领导，是全面建设社会主义现代化国家的必然要求。在全面建设社会主义现代化国家新征程上，坚持和加强党的全面领导，就必须坚决维护党中央权威和集中统一领导，把党的领导落实到党和国家事业各领域、各方面、各环节，确保我国社会主义现代化建设正确方向。

二、坚持中国特色社会主义道路是旗帜引领

道路决定命运，道路就是党的生命。中国特色社会主义道路不是从天上掉下来的，而是党在百年奋斗中坚持从我国国情出发不懈探索并成功开辟出来的。这条道路符合中国实际、反映中国人民意愿、适应时代发展要求，不仅走得对、走得通，而且也一定能够走得稳、走得好。实践充分证明，中国特色社会主义道路是实现社会主义现代化的必由之路，中国式现代化只能在中国特色社会主义道路上实现。新征程上，只要我们既不走封闭僵化的老路，也不走改旗易帜的邪路，而是坚定不移走中国特色社会主义道路，就一定能够把我国建设成为富强民主文明和谐美丽的社会主义现代化强国。

三、坚持以人民为中心的发展思想是根本立场

人民性是马克思主义的本质属性，人民立场是马克思主义的根本立场。中国共产党根基在人民、血脉在人民、力量在人民。在党的二十大上，习近平总书记强调："江山就是人民，人民就是江山。中国共产党领导人民打江山、守江山，守的是人民的心。"人民永远是我们党最坚实的依托、最强大的底气。百年来，我们党紧紧依靠人民交出了一份又一份载入史册的答卷，面向未来，仍然必须站稳人民立场、把握人民愿望、尊重人民创造、集中人民智慧，紧紧依靠人民创造历史。新时代新征程，要把坚持以人民为中心的发展思想作为推进中国式现代化必须牢牢把握的重大原则，把实现人民对美好生活的向往作为中国式现代化建设的出发点和落脚点，把实现全体人民的共同富裕摆在中国式现代化建设全局中更加重要的位置，推动人的全面发展、全体人民共同富裕不断取得新的更为明显的实质性进展，让现代化建设成果更多、更公平惠及全体人民。

四、坚持深化改革开放是活力源泉

改革开放是当代中国发展进步的活力之源，是党和人民大踏步赶上时代的重要法宝，是决定当代中国前途命运的关键一招。实践发展永无止境，改革开放也永无止境，改革只有进行时、没有完成时，开放带来进步，封闭必然落后。新时代党和国家事业取得的历史性成就、发生的历史性变革，靠的就是深化改革开放。新时代新征程，要夺取全面建设社会主义现代化国家新胜利，还要靠深化改革开放。面对新矛盾新挑战，我们要以更大的政治勇气进一步解放思想，全面深化改革开放，深入推进改革创新，坚定不移扩大开放，着力破解深层次体制机制障碍，不断彰显中国特色社会主义制度优势，不断增强社会主义现代化建设的动力和活力，把我国制度优势更好地转化为国家治理效能。

五、坚持发扬斗争精神是精神力量

斗争精神是马克思主义鲜明的理论品格和精神特质。恩格斯指出，"马克思首先是一个革命家"，"斗争是他的生命要素。很少有人像他那样满腔热情、坚韧不拔和卓有成效地进行斗争"①。马克思是伟大的学者，更是无畏的革命家、战士、斗士。习近平总书记在 2019 年秋季学期中央党校（国家行政学院）中青年干部培训班开班式上指出："马克思主义产生和发展、社会主义国家诞生和发展的历程充满着斗争的艰辛。"敢于斗争、敢于胜利是中国共产党不可战胜的强大精神力量。新时代的伟大成就是党和人民一道拼出来、干出来、奋斗出来的。我们党依靠斗争走到今天，也必然要依靠斗争赢得未来。习近平总书记强调："我们共产党人的斗争，从来都是奔着矛盾问题、风险挑战去的。"② 新时代新征程，面对我国社会主要矛盾变化带来的新特征新要求，面对错综复杂的国际环境带来的新矛盾新挑战，我们必须增强忧患意识、始终居安思危，敢于斗争，善于斗争，勇于战胜一切风险挑战，依靠顽强斗争打开事业发展新天地，为全面建设社会主义现代化国家不懈奋斗。

① 习近平. 在纪念马克思诞辰 200 周年大会上的讲话 ［N］. 新华社，2018-05-04.
② 习近平在中央党校（国家行政学院）中青年干部培训班开班式上发表重要讲话 ［N］. 新华社，2019-09-03.

第二章　坚持中国共产党领导

办好中国的事情，关键在党。《中国共产党章程》明确规定，中国共产党的领导是中国特色社会主义最本质的特征，是中国特色社会主义制度的最大优势，党是最高政治领导力量。党政军民学、东西南北中，党是领导一切的。党的二十大在深入阐述中国式现代化理论时特别强调"中国式现代化是中国共产党领导的社会主义现代化"，并将"坚持中国共产党领导"放在中国式现代化九大本质要求的首位，充分凸显了坚持中国共产党领导是推进中国式现代化最鲜明的特征和最大的优势，是中国式现代化前进道路上必须坚持的最高原则。只有毫不动摇坚持党的领导，中国式现代化才能前景光明、繁荣兴盛；否则就会偏离航线、丧失灵魂，甚至犯颠覆性错误。

第一节　中国共产党领导是中国式
现代化的本质特征

在新进中央委员会的委员、候补委员和省部级主要领导干部学习贯彻习近平新时代中国特色社会主义思想和党的二十大精神研讨班开班式上，习近平总书记深入阐释了党在中国式现代化建设中的领导地位。党的领导直接关系中国式现代化的根本方向、前途命运、最终成败。西方现代化是资产阶级主导的资本主义的现代化，与中国式现代化有本质区别。中国式现代化是以社会主义基本制度和发展道路为基础的现代化，是具有中国特色和社会主义本质属性的现代化。中国式现代化的本质要求就是坚持中国共产党领导，坚持中国特色社会主义，党的领导决定中国式现代化的社会主义根本性质。西方现代化是在资本主义制度条件下进行的现代化，世界近代历史表明，西方现代化的演进与资本主义的发展是同步进行的。西方现代化的进程，也是资本主义由自由资本主义向垄断资本主义、金融帝国主义演进的历史过程，西方现代化由资产阶级主导，具有资本主义基本特征，其本质是资本主义的现代化。

中国式现代化是中国共产党领导、推动、开创的现代化，是党领导人民坚持走自己的路的伟大创造。近代以来，实现中华民族伟大复兴和中国的现代化，是中国人民矢志不渝的梦想和追求。但在中国共产党诞生以前，没有任何政治力量能够承担起这一历史使命。中国共产党的成立解决了现代化事业的领导力量问题，为现代化指明了正确方向、制定了不同阶段的奋斗目标、开辟了符合实际的前进道路。100 多年来，党领导人民进行的一切奋斗，就是为了实现国家富强、人民幸福，把我国建设成为社会主义现代化强国、实现中华民族伟大复兴。正如习近平总书记所指出的："从登上中国政治舞台的那一刻起，我们党就坚持马克思主义立场观点方法，始终不渝为中国人民谋幸福、为中华民族谋复兴，从此，中国人民开始从精神上由被动转为主动，中华民族开始艰难地但不可逆转地走向伟大复兴。"① 党的领导确保中国式现代化锚定奋斗目标行稳致远，我们党的奋斗目标一以贯之，一代一代地接力推进，取得了举世瞩目、彪炳史册的辉煌业绩。党的领导激发建设中国式现代化的强劲动力，我们党勇于改革创新，不断破除各方面体制机制弊端，为中国式现代化注入不竭动力源泉。党的领导凝聚建设中国式现代化的磅礴力量，我们党坚持党的群众路线，坚持以人民为中心的发展思想，发展全过程人民民主，充分激发全体人民的主人翁精神。

第二节 中国共产党探索中国式现代化的发展历程

中国式现代化是接续推进的，中国式现代化的理论和实践都在现代化历史进程中不断丰富和发展，得到一次次创新和突破。在中国共产党领导下，中国式现代化建设取得了重大的历史成就。百年征程，不管形势和任务如何变化，不管遇到什么样的惊涛骇浪，我们党始终牢记初心使命，坚持性质宗旨，在接续奋斗中推进了中国式现代化进程。

中国的现代化，承载着中国人民的梦想和期盼。近代以后，国家蒙辱、人民蒙难、文明蒙尘，中华民族遭受了前所未有的劫难。从洋务运动的"师夷长技以制夷"，到戊戌变法的"改良图强"，再到辛亥革命的"资产阶级共和国""振兴实业"方案……为了拯救民族危亡，无数仁人志士奔走呐喊，各种救国方案轮番出台，但都以失败告终。探索中国现代化道路的重任，历史地落在了中国共产党身上。新民主主义革命的胜利，结束了近代以来中国内外战乱频仍、国家四分五裂的局面，实现了中国人民梦寐以求的民族独立和人民解放，为中国式现代化的建设发展扫清了障碍，奠定了坚实基础，为实现现代化创造了根本社会条件。

社会主义革命和建设时期，我们党领导人民实现了中华民族有史以来最为广泛而深刻的社会变革，实现了一穷二白、人口众多的东方大国迈入社会主义社会的伟大飞跃，提出了把我国建设成为一个具有现代农业、现代工业、现代国防和现代科学技术的社会主义强国的"四个现代化"宏伟目标和两步走战略计划。1959 年末至 1960 年初，毛泽东在不同场合谈到工业、农业、科学、国防现代化问题。1963 年 1 月，周恩来提出要实现农业现代化、工业现代化、国防现代化和科学技术现代化，把我们祖国建设成为一个社会主义强国。1963 年 9 月召开的中共中央工作会议作出分"两步走"的战略部署：第一步，建立一个独立的、比较完整的工业体系和国民经济体系，使我国工业接近世界先进水平；第二步，使我国工业走在世界前列，全面实现农业、工业、国防和科学技术的现代化。1964 年 12 月至 1965 年 1 月，第三届全国人大一次会议正式确定了在 20 世纪末实现农业、工业、国防和科学技术现代化的目标。这一时期，中国共产党人对现代化的探索，从以发展重工业为中心环节的工业化，到实现以先进科学技术为基础的现代农业、现代工业、现代国防和现代科学技术的"四个现代化"，并作出"四个现代化""两步走"战略。这是中国共产党人对中国特点的社会主义现代化道路探索的理论成果和实践成果。"四个现代化"战略目标的提出为中国经济社会发展设立了具体、明确的战略目标，具有重要的现实意义和深远的历史意义；为中共十一届三中全会之后形成的中国社会主义现代化建设分"三步走"的战略思想奠定了思想的和物质的基础；为中国式现代化建设、实现中华民族的伟大复兴奠定了根本政治前提，提供了宝贵经验、理论准备和物质基础。

在改革开放和社会主义现代化建设新时期，中国共产党提出"中国式的现代化"重要论断，制定了"到 21 世纪中叶分三步走，基本实现现代化"的战略目标，并在第二步目标即将实现之际针对如何实现第三步目标提出新的"三步走"发展战略。邓小平首次明确提出了"中国式的现代化"这一重要概念和建立"小康社会"我们要实现的四个现代化，是中国式的四个现代化。就是到本世纪末在中国建立一个小康社会。这个小康社会叫作中国式的现代化。① 1982 年，党的十二大提出了党在新时期的总任务，即团结全国各族人民，自力更生，艰苦奋斗，逐步实现工业、农业、国防和科学技术现代化，把我国建设成为高度文明、高度民主的社会主义国家。1987 年 10 月，党的十三大提出了"三步走"基本实现现代化的战略构想，为中国社会主义现代化建设确立了明确的目标和战略步骤。这一时期，中国共产党规定了中国式现代化的性质是社会主义的现代化，明确了中国式现代化的根本方针和实现途径，确立了以经济建设为中心，坚持四项基本原则，坚持改革开放的基本路线；强调"两手抓、两手都要硬"，重视社会主义精神文明建设，为

① 中共中央文献研究室. 邓小平年谱（1975-1997）（上卷）[M]. 北京：中央文献出版社，2004：496.

"四个现代化"提供正确的价值导向和精神动力、智力支持，强调实现物质文明和精神文明的协调发展；加强社会主义民主和法治建设，为社会主义现代化建设提供政治和法律保障，深刻阐明了社会主义民主对社会主义现代化建设的重要性，提出"没有民主就没有社会主义，就没有社会主义的现代化"① 的著名论断；确立了社会主义现代化的战略目标、根本方针、实现途径，强调走新型工业化道路，实施可持续发展战略，全面建设小康社会，推进经济建设、政治建设、文化建设与社会建设协调发展。这一时期，党从理论和实践两个方面极大地丰富发展了中国特色社会主义现代化的基本内容，找到了一条适合中国国情的现代化建设道路，极大地推动了中国社会主义现代化的伟大进程，为到 21 世纪中叶分"三步走"、基本实现社会主义现代化发展战略的实施提供了充满新的活力的体制保证和快速发展的物质条件。

党的十八大以来，党和国家面临的形势之复杂、斗争之严峻、改革发展稳定任务之艰巨世所罕见、史所罕见，以习近平同志为核心的党中央领导全党全国各族人民砥砺前行，在中华人民共和国成立特别是改革开放以来长期探索和实践的基础上科学总结我国现代化建设的理论与实践，不断实现理论和实践上的创新突破，对中国式现代化发展进行系统性战略谋划，成功推进和拓展了中国式现代化，开辟了中国式现代化发展新境界。习近平新时代中国特色社会主义思想，实现了马克思主义中国化时代化新的飞跃，为中国式现代化提供了根本遵循，进一步深化对中国式现代化的内涵和本质的认识，概括形成中国式现代化的中国特色、本质要求和重大原则，初步构建中国式现代化的理论体系，使中国式现代化更加清晰、更加科学、更加可感可行。中国式现代化在战略上不断完善，深入实施科教兴国、人才强国、乡村振兴等一系列重大战略。中国式现代化在实践上不断丰富，推进一系列变革性实践、实现一系列突破性进展、取得一系列标志性成果，推动党和国家事业取得历史性成就、发生历史性变革，特别是消除了绝对贫困问题，全面建成小

---

① 邓小平文选（第二卷）［M］．北京：人民出版社，1994：168.

康社会，为中国式现代化提供了更为完善的制度保证、更为坚实的物质基础、更为主动的精神力量。新时代十年的生动实践和伟大变革，丰富了中国式现代化的科学内涵，彰显了中国式现代化的中国特色，明确了中国式现代化的本质要求，拓宽了中国式现代化的前进道路。党不仅构建起中国式现代化的理论体系，也使中国式现代化变得更加清晰、更加科学、更加可感可行，生动诠释了"中国式现代化走得通、行得稳，是强国建设、民族复兴的唯一正确道路"①。事实证明，党确立习近平同志党中央的核心、全党的核心地位，确立习近平新时代中国特色社会主义思想的指导地位，反映了全党全军全国各族人民共同心愿，对新时代党和国家事业发展、推进中华民族伟大复兴历史进程具有决定性意义。党的二十大在谋划未来的目标任务和行动纲领时，深刻分析了我国发展面临的新的历史特点，其中一个重大理论创新就是概括提出并深入阐述了中国式现代化理论，是科学社会主义的最新重大成果。中国特色社会主义是社会主义而不是别的什么主义，中国式现代化是中国共产党领导的社会主义现代化而不是别的什么现代化。在党的十九大作出的分"两步走"全面建成社会主义现代化强国战略安排的基础上，党的二十大进一步对 2035 年和本世纪中叶的发展目标作出宏观展望，重点部署了今后五年的战略任务和重大举措。

历史充分证明，没有中国共产党，就没有中华民族伟大复兴，就不可能实现中国的现代化，中国共产党领导是以中国式现代化全面推进中华民族伟大复兴的根本保证。从最初的实现工业化到实现"四个现代化"，到实现社会主义现代化，再到全面建成社会主义现代化强国；从第一个五年计划到第十四个五年规划；中国共产党建立 100 多年来团结带领中国人民所进行的一切奋斗，就是为了把我国建设成为社会主义现代化强国，实现中华民族的伟大复兴，展示了中国式现代化理论和实践不断丰富、发展的历史进程。

---

① 习近平 . 中国式现代化是中国共产党领导的社会主义现代化［J］. 求是，2023（11）：2.

第三节　中国共产党探索中国式现代化的经验与启示

回首百年历程，中国共产党肩负起探索中国现代化道路的重任，团结带领人民以不懈奋斗深刻改变了近代以来中华民族发展的方向和进程，深刻改变了中国人民和中华民族的前途和命运，深刻改变了世界发展的趋势和格局。历史和实践充分表明，中国式现代化的重大成果，正是我们党领导全国各族人民在长期探索和实践中取得的，历经千辛万苦，付出了巨大代价。历史和人民选择了中国共产党，中国共产党也没有辜负历史和人民的选择。《中共中央关于党的百年奋斗重大成就和历史经验的决议》在总结党的百年奋斗的历史意义时指出："党领导人民成功走出中国式现代化道路，创造了人类文明新形态，拓展了发展中国家走向现代化的途径，给世界上那些既希望加快发展又希望保持自身独立性的国家和民族提供了全新选择。"中国式现代化是党领导人民长期实践探索所取得的重大历史成就，其理论体系是党在新民主主义革命时期、社会主义革命和建设时期、改革开放和社会主义现代化建设新时期对中国现代化建设历史经验的科学总结，是中国特色社会主义新时代中国式现代化实践的理论升华，是马克思主义中国化时代化新的飞跃，是中国共产党人关于现代化的重大理论创新。

中国式现代化具有独特的文化传统、理论品格和实践价值，其蕴含的世界观、价值观、历史观、文明观、民主观、生态观及进行的伟大实践，是对世界现代化理论和实践的重大创新，对世界各国推进现代化具有重要启示作用。中国式现代化道路的成功实践，宣告了"历史终结论""西方中心论""文明冲突论"的终结，深刻改变了当代世界的发展格局，影响了世界历史的发展进程。随着全面建成社会主义现代化强国实践的推进，中国共产党将团结带领中国人民为人类现代化新道路的探索作出新的贡献。

中国式现代化是中国共产党领导人民在推进中华民族伟大复兴进程中独

立自主创造出来的一条成功道路。实现中华民族伟大复兴是近代以来全体中华儿女的最大梦想。近代，西方列强以武力使中国人清醒地认识到中国已经落后于时代，与那些率先实现工业化、迈向现代化的资本主义国家具有了鸿沟式差距。从那时起，中国人民开始逐渐认识到因循守旧没有出路，只有向先进学习、实现现代化，国家和民族才有希望。中国的现代化探索由此启程。在经历从外力倒逼、被动应变向内生动力、主动求进的转变，从侧重模仿、崇尚西学西化向独立自主、本土创新创造的转变后，中国式现代化道路最终由中国共产党领导中国人民成功开创出来。中国式现代化的成功是党和人民把推进现代化放在自己力量的基点上的结果。党在运用马克思主义基本原理解决中国实际问题的过程中逐步认识到实现现代化、实现中华民族伟大复兴"从来就没有教科书，更没有现成答案"，"中国的问题必须从中国基本国情出发，由中国人自己来解答"。① 这样的认识在革命、建设、改革过程中不断得到强化。相应地，在理论、制度、实践各方面，原创性内容越来越丰富，中国化特点越来越显著。中国式现代化道路在中国之所以走得通，是因为它遵循了现代化建设一般规律，坚持了社会主义原则，但更为关键的是它坚持从中国实际出发、从中国文化传统出发，在现代化建设上做到了独立自主。

第四节　坚持中国共产党领导的思路与举措

　　党的领导决定中国式现代化的根本性质、确保中国式现代化锚定奋斗目标行稳致远、激发建设中国式现代化的强劲动力、凝聚建设中国式现代化的磅礴力量。推进中国式现代化，必须坚持和加强党的全面领导，充分发挥党总揽全局、协调各方的领导核心作用。以党的旗帜为旗帜、以党的方向为方

①　习近平．高举中国特色社会主义伟大旗帜为全面建设社会主义现代化国家而团结奋斗［M］.北京：人民出版社，2022：19.

向、以党的意志为意志，把党的领导落实到党和国家事业各领域各方面各环节，使党始终成为风雨来袭时全体人民最可靠的主心骨，就一定能确保我国社会主义现代化建设方向正确，确保中国式现代化前景光明、繁荣兴盛。新征程是充满光荣和梦想的远征。征程越壮阔，目标越远大，越需要核心的掌舵定向、真理的指引领航。中国式现代化是我们党领导全国各族人民在长期探索和实践中得到的重大成果，我们必须倍加珍惜、始终坚持、不断拓展和深化。要更加紧密地团结在以习近平同志为核心的党中央周围，全面贯彻习近平新时代中国特色社会主义思想，深刻领悟"两个确立"的决定性意义，增强"四个意识"、坚定"四个自信"、做到"两个维护"，沿着中国式现代化这条康庄大道阔步前进，心往一处想、劲往一处使、顽强拼搏、团结奋斗，敢于斗争、善于斗争，我们一定能够谱写新时代中国特色社会主义新篇章，不断夺取全面建设社会主义现代化国家新胜利。

一、坚决维护党中央权威和集中统一领导

坚持党的领导，首先是坚持党中央权威和集中统一领导，这是党的领导的最高原则，任何时候任何情况下都不能含糊、不能动摇。我们要求全党尊崇党章，增强政治意识、大局意识、核心意识、看齐意识，完善坚持党的领导的体制机制，提高党把方向、谋大局、定政策、促改革的能力和定力，坚决扭转一些地方和部门存在的党的领导弱化、党的建设缺失现象，确保全党在思想上、政治上、行动上同党中央保持高度一致。中国共产党是中国特色社会主义事业的领导核心，处在总揽全局、协调各方的地位。在当今中国，没有大于中国共产党的政治力量或其他什么力量。中国共产党是执政党，党的领导是做好党和国家各项工作的根本保证，是我国政治稳定、经济发展、民族团结、社会稳定的根本点，绝对不能有丝毫动摇。要把党的领导落实到党和国家事业各领域各方面各环节，确保我国社会主义现代化建设方向正确，确保拥有团结奋斗的强大政治凝聚力、发展自信心。中国共产党是中国式现代化的领导力量，也是中国式现代化沿着中国特色社会主义道路继往开

来、持之以恒、一以贯之、赓续推进的可靠支撑，更是新时代中国式现代化创新发展、实现第二个百年奋斗目标的坚强保证。坚持党的全面领导是坚持和发展中国特色社会主义的必由之路，是党和国家的根本所在、命脉所在，是全国各族人民的利益所系、命运所系。因此，全面建设社会主义现代化国家，以中国式现代化全面推进中华民族伟大复兴，关键在党。全面建设社会主义现代化国家，以中国式现代化全面推进中华民族伟大复兴，必须坚持和加强党的全面领导，这是前进道路上要牢牢把握的首要重大原则。我们要坚持不懈用习近平新时代中国特色社会主义思想凝心聚魂，坚持把党的领导贯彻和体现到改革发展稳定、内政外交国防、治党治国治军各个领域各个方面，确保充分发挥党总揽全局、协调各方的领导核心作用，贯彻落实党的二十大对全面建成社会主义现代化强国分两步走的战略安排，坚定信心、锐意进取，主动识变、应变、求变，主动防范化解风险，付出更为艰巨、更为艰苦的努力，不断夺取全面建设社会主义现代化国家新胜利。

二、坚持党的政治建设，始终保持党的团结统一

没有党的领导，民族复兴必然是空想。历史和人民把我们党推到了这样的位置，我们就要以坚强有力的政治领导承担起应该承担的政治责任。旗帜鲜明讲政治，既是马克思主义政党的鲜明特征，也是我们党一以贯之的政治优势。马克思主义认为，经济是基础，政治是经济的集中反映。毛泽东同志说过，"一切问题的关键在政治"。① 改革发展稳定、内政外交国防、治党治国治军，样样是政治，样样离不开政治。只有站在政治高度，才能对党中央的大政方针和决策部署领会得更透彻，工作起来才能更有预见性和主动性。党领导人民治国理政，最重要的就是处理好各种复杂的政治关系，始终保持党和国家事业发展的正确政治方向。我们党要始终做到不忘初心、牢记使命，把党和人民事业长长久久推进下去，必须增强政治意识，善于从政治上

---

① 毛泽东文集（第三卷）［M］．北京：人民出版社，1999：202.

看问题，善于把握政治大局，不断提高政治判断力、政治领悟力、政治执行力。历史反复证明，党的团结统一是党的生命，党中央坚强有力领导是我们战胜一切困难和风险的根本保证。党的团结统一首先是政治上的团结统一。我们坚持把党的政治建设摆在首位，把维护党中央权威和集中统一领导作为最高政治原则，把党的领导落实到管党治党、治国理政各领域各方面各环节，严明政治纪律和政治规矩，强化政治监督、深化政治巡视，坚决防止和治理"七个有之"，坚决清除对党中央阳奉阴违的两面人、两面派，不断净化党内政治生态。坚持以党的政治建设为统领，保证全党在政治立场、政治方向、政治原则、政治道路上同党中央保持高度一致。必须以坚定理想信念为根基，严肃政治生活，涵养政治生态，督促党员、干部把对党忠诚体现在贯彻党中央决策部署的具体行动上，确保党的理论和路线方针政策落地见效。

三、着力从制度上发挥党的领导这个最大优势

加强党对一切工作的领导，这一要求不是空洞的、抽象的，要在各方面各环节落实和体现。要通过深化党和国家机构改革，努力从机构职能上解决党对一切工作领导的体制机制问题，解决党长期执政条件下我国国家治理体系中党政军群的机构职能关系问题，为有效发挥中国共产党领导这一最大制度优势提供完善有力的体制机制保障、坚实的组织基础和有效的工作体系，确保党对国家和社会实施领导的制度得到加强和完善，更好担负起进行伟大斗争、建设伟大工程、推进伟大事业、实现伟大梦想的重大职责。我国社会主义政治制度优越性的一个突出特点是党总揽全局、协调各方的领导核心作用，形象地说是"众星捧月"，这个"月"就是中国共产党。在国家治理体系的大棋局中，党中央是坐镇中军帐的"帅"，车马炮各展其长，一盘棋大局分明。如果我国出现了各自为政、一盘散沙的局面，不仅我们确定的目标不能实现，而且必定会产生灾难性后果，我国近代以来到中华人民共和国成立之前的 100 多年历史已经充分证明了这一点。中国特色社会主义制度是一

个严密完整的科学制度体系，起"四梁八柱"作用的是根本制度、基本制度、重要制度，其中具有统领地位的是党的领导制度。党的领导制度是我国的根本领导制度，要健全总揽全局、协调各方的党的领导制度体系，把党的领导落实到国家治理各领域各方面各环节，这是党领导人民进行革命、建设、改革最可宝贵的经验。我们推进各方面制度建设、推动各项事业发展、加强和改进各方面工作，都必须坚持党的领导，自觉贯彻党总揽全局、协调各方的根本要求。要加强党对中国式现代化建设的全面领导，不断推进国家治理体系和治理能力现代化，推动党对社会主义现代化建设的领导在职能配置上更加科学合理、在体制机制上更加完备完善、在运行管理上更加高效。

要以坚持和加强党的全面领导为统领，以推进党和国家机构职能优化协同高效为着力点，把机构职责调整优化同健全完善制度机制有机统一起来、把加强党的长期执政能力建设同提高国家治理水平有机统一起来，继续巩固机构改革成果。要健全党对重大工作的领导体制，决策议事协调机构重点是谋大事、议大事、抓大事，党的工作机关要带头坚持和加强党的全面领导，更好地发挥职能作用，严明政治纪律和政治规矩。要加强党政机构职能统筹，发挥好党的职能部门统一归口协调管理职能，统筹本领域重大工作。要提高机构履职尽责能力和水平，各部门要严格依照"三定"规定履职尽责，聚焦主责主业，突出重点关键，自觉在大局下思考、在大局下行动，紧紧围绕人民日益增长的美好生活需要履好职、尽好责。要发挥好中央和地方两个积极性，确保党中央集中统一领导和国家制度统一、政令统一，中央和国家机关要做好对本行业本系统的指导和监督，地方在坚决贯彻党中央决策部署的同时，要发挥主观能动性，结合地方实际创造性开展工作。要推进相关配套改革，按照加快推进政事分开、事企分开、管办分离的原则，深化事业单位改革，着力加强综合行政执法队伍建设，强化基层社会管理和公共服务职能，完善机构改革配套政策。要推进机构编制法定化，依法管理各类组织机构，继续从严从紧控制机构编制。

要结合深化党和国家机构改革，健全党领导改革工作的体制机制，完善改革领导决策、推动落实机制，加强中央和地方、牵头部门和参与部门、主体改革和配套方案、改革举措和法治保障、试点探索和总结推广、改革任务推进和机构职能调整的配套联动，打好改革组合拳。要保持改革战略定力，推动改革更好地服务经济社会发展大局。在谋划改革发展思路、解决突出矛盾问题、防范风险挑战、激发创新活力上下功夫，正确处理改革发展稳定关系，坚持党的领导和尊重人民首创精神相结合，注重改革的系统性、整体性、协同性，统筹各领域改革进展，形成整体效应。要推动改革往实里走，确保改革方案成色和实施成效。形势在变、任务在变、工作要求也在变，必须准确识变、科学应变、主动求变，把解决实际问题作为制定改革方案的出发点，把关系经济社会发展全局的改革、涉及重大制度创新的改革、有利于提升群众获得感的改革放在突出位置，优先抓好落实。要推进改革成果系统集成，做好成果梳理对接，从整体上推动各项制度更加成熟更加定型。

四、不断提高应对风险挑战的能力水平

应对和战胜前进道路上的各种风险和挑战，关键在党。我们要聚精会神抓好党的建设，使我们党越来越成熟、越来越强大、越来越有战斗力。推进中国式现代化，是一项前无古人的开创性事业，必然会遇到各种可以预料和难以预料的风险挑战、艰难险阻甚至惊涛骇浪，必须增强忧患意识，坚持底线思维，居安思危、未雨绸缪，敢于斗争、善于斗争，通过顽强斗争打开事业发展新天地。正是因为始终坚持党的集中统一领导，我们才能实现伟大历史转折、开启改革开放新时期和中华民族伟大复兴新征程，才能成功应对一系列重大风险挑战、克服无数艰难险阻，才能有力应变局、平风波、战洪水、抗地震、化危机，才能既不走封闭僵化的老路也不走改旗易帜的邪路，而是坚定不移走中国特色社会主义道路。坚持党的领导，必须不断改善党的领导，让党的领导更加适应实践、时代、人民的要求。在坚持党的领导这个决定党和国家前途命运的重大原则问题上，全党全国必须保持高度的思想自

觉、政治自觉、行动自觉，丝毫不能动摇。要保持战略清醒，对各种风险挑战做到胸中有数；保持战略自信，增强斗争的底气；保持战略主动，增强斗争本领。要加强能力提升，让领导干部特别是年轻干部经受严格的思想淬炼、政治历练、实践锻炼、专业训练，在复杂严峻的斗争中经风雨、见世面、壮筋骨、长才干。注重在严峻复杂斗争中考察识别干部，为敢于善于斗争、敢于担当作为、敢抓善管不怕得罪人的干部撑腰鼓劲，看准的就要大胆使用。当前和今后一个时期是我国各类矛盾和风险易发期，各种可以预见和难以预见的风险因素明显增多。我们必须统筹发展和安全，增强机遇意识和风险意识，树立底线思维，把困难估计得更充分一些，把风险思考得更深入一些，注重堵漏洞、强弱项，下好先手棋、打好主动仗，有效防范化解各类风险挑战，确保社会主义现代化事业顺利推进。

五、全面从严治党永远在路上

勇于自我革命，从严管党治党，是我们党最鲜明的品格。必须以党章为根本遵循，坚持民主集中制，严肃党内政治生活，严明党的纪律，强化党内监督，发展积极健康的党内政治文化，全面净化党内政治生态，坚决纠正各种不正之风，以零容忍态度惩治腐败，不断增强党自我净化、自我完善、自我革新、自我提高的能力，始终保持党同人民群众的血肉联系。我们党作为百年大党，要始终得到人民拥护和支持，书写中华民族千秋伟业，必须始终牢记初心和使命，坚决清除一切弱化党的先进性、损害党的纯洁性的因素，坚决割除一切滋生在党的肌体上的"毒瘤"，坚决防范一切违背初心和使命、动摇党的根基的危险。必须把不忘初心、牢记使命作为加强党的建设的永恒课题和全体党员、干部的终身课题常抓不懈。坚持党要管党、全面从严治党，以伟大自我革命引领伟大社会革命。推动全面从严治党必须既发挥政治保障作用、又发挥政治引领作用，把全面从严治党战略方针贯穿中国特色社会主义事业全过程和党的建设各方面，不断增强党的政治领导力、思想引领力、群众组织力、社会号召力，推动伟大事业不断向前。坚定不移全面从严治党，深入推进新时代党的建设新的伟大工程。坚持和加强党中央集中统一领导，坚持不懈用习近平新时代中国特色社会主义思想凝心铸魂，完善党的自我革命制度规范体系、增强党组织政治功能和组织功能，坚持以严的基调强化正风肃纪，坚决打赢反腐败斗争攻坚战、持久战。

第三章　坚持中国特色社会主义

党的二十大报告将"坚持中国特色社会主义"作为中国式现代化的本质要求之一，深刻阐述了中国特色社会主义是中国式现代化的必由之路，指明了中国式现代化的根本性质和根本方向。坚持中国特色社会主义道路是中国式现代化的实践之需，坚持中国特色社会主义理论体系是中国式现代化的理论之要，坚持中国特色社会主义制度是中国式现代化的固本之策，坚持中国特色社会主义文化是中国式现代化的铸魂之举。

第一节　中国特色社会主义是中国式现代化的必由之路

一、坚持中国特色社会主义道路是中国式现代化的实践之需

道路问题，是事关党和人民事业兴衰成败的首要问题。习近平总书记指出："现代化道路并没有固定模式，适合自己的才是最好的，不能削足适

履。"① 历史和实践充分表明，照抄照搬别国经验模式难以取得成功，只有走符合中国国情的正确道路，独立自主地解决自己的问题，才能书写无愧于时代和人民的优异答卷。党的十一届三中全会以来，我们党在深刻总结中国社会主义革命和建设经验、研究国际经验和世界形势的基础上，开辟和拓展了中国特色社会主义道路。中国式现代化不是像西方那样以资本为中心、充斥西方中心主义、两极分化的现代化道路，而是在中国共产党领导下，以人民为中心，立足我国基本国情，坚持"一个中心、两个基本点"，依靠自己的力量推动国家和民族发展，着力解放和发展社会生产力，促进人的全面发展和社会的全面进步。从"把贫困的中国变成小康的中国"到"建成富强民主文明和谐美丽的社会主义现代化强国"，从"两个文明建设"一起抓到"五位一体"全面推进，我们党准确把握世界发展大势和中国发展阶段性特点，与时俱进地完善现代化建设的奋斗目标、总体布局和具体举措，使中国特色社会主义道路越走越宽广、充满生机活力、影响日益扩大，创造了经济快速发展和社会长期稳定两大奇迹，深刻诠释了中国式现代化的成功密码，也为人类对现代化道路的探索作出了全新的贡献。

党的二十大报告将"坚持中国特色社会主义道路"作为中国式现代化的重大原则，深刻阐明了必须"坚定不移沿着这条光明大道走下去，既发展自身又造福世界"，确保中国式现代化行稳致远。首先，要坚定道路自信，深刻把握中国特色社会主义道路符合中国式现代化的建设实际，既能体现广大人民对国家现代化和美好幸福生活的追求，又能适应当今世界和中国发展潮流，具有深厚历史底蕴、强大前进动力和广阔发展前景；要坚信坚持中国特色社会主义道路对建成社会主义现代化强国、实现中华民族伟大复兴和为人民创造美好幸福生活具有决定性意义，能够为人类实现现代化提供全新选择，并吸引更多人成为这条道路的自觉认同者和坚定捍卫者。其次，要保持战略定力，锚定中国式现代化的目标任务，紧抓战略机遇，直面前进道路上的风险挑战，不为一时一事所惑，统筹发展和安全，牢牢掌握国家和民族发

---

① 习近平著作选读（第二卷）［M］北京：人民出版社，2023：494.

展的主动权、主导权，既不走封闭僵化的老路，也不走改旗易帜的邪路，坚持独立自主、自力更生，脚踏实地、苦干实干，集中精力办好自己的事情，以中国发展的重大成就和对世界发展的重大贡献回击各种诘难和挑战。最后，深化道路探索，要把党的领导落实到现代化建设的各方面和全过程，以高质量发展和社会生产力的跃升牵引带动中国特色社会主义物质文明、政治文明、精神文明、社会文明和生态文明的全面提升。在创造人类文明新形态的实践中，促使"为中国人民谋幸福、为中华民族谋复兴"和"为人类谋进步、为世界谋大同"的工作相得益彰、共创辉煌，丰富人类走向现代化的路径。

二、坚持中国特色社会主义理论体系是中国式现代化的理论之要

科学理论是推动工作、解决问题的"金钥匙"。习近平总书记指出："中国特色社会主义理论体系是指导党和人民沿着中国特色社会主义道路实现中华民族伟大复兴的正确理论，是立于时代前沿、与时俱进的科学理论。"[①] 党的十一届三中全会以来，我们党从新的实践和时代特征出发，科学回答了改革发展稳定、内政外交国防、治党治国治军等方面的一系列问题，形成和发展了中国特色社会主义理论体系，为中国式现代化的开创和探索提供了科学指南。"中国特色社会主义理论是一个体系，新时代中国特色社会主义思想就是在当前这个发展阶段中国共产党历史性提出来的。"[②] 习近平新时代中国特色社会主义思想实现了马克思主义中国化时代化新的飞跃，是立足时代之基、回答时代之问、引领时代之变的科学理念，以全新的视野深化对"三大规律"的科学认识，形成了"新发展理念""扎实推进共同富裕""推动物质文明和精神文明协调发展""建设美丽中国""推动构建人类命运

① 习近平．在庆祝中国共产党成立95周年大会上的讲话［EB/OL］．［2016-07-01］．http：//jhsjk. people. cn/article/32079803，2016-07-01/2023-06-10.

② 习近平．思政课是落实立德树人根本任务的关键课程［J］．求是，2020（17）：4-16.

共同体"等一系列重要理念和思想。习近平总书记在党的二十大报告中全面揭示了中国式现代化的中国特色、本质要求和重大原则，为新时代不断开辟中国式现代化新境界指明了方向，使"中国式现代化既切合中国实际，体现了社会主义建设规律，也体现了人类社会发展规律"，是一个重大理论创新，是科学社会主义的最新重大成果。

"问题是时代的声音，回答并指导解决问题是理论的根本任务。"① 今天，中国式现代化建设前途光明且任重道远，所面临问题的复杂程度和解决问题的艰巨程度明显加大，给理论创新提出了新的更高要求，也出现了诸多新的亟待回答的重要问题。例如，从本质特征来看，中国式现代化是中国共产党领导的社会主义现代化，如何使各级党组织在现代化建设中充分发挥政治功能和组织功能？如何将党的领导这一根本优势有效转化为现代化建设的持续实践效能？如何准确把握中国式现代化具有的世界现代化的普遍特征以及基于自己国情的中国特色？从国内来看，面对新时代新征程上的现代化建设任务，如何在一个拥有悠久文明史的世界人口大国全面实现人类的现代化？如何扎实、渐进、有效地推进全体人民共同富裕？如何促使新时代物质文明和精神文明均衡发展、相互促进？如何推进经济建设和生态文明建设有机融合、协调共进？从国际上看，站在新的历史起点上，如何让人类命运共同体理念深入人心？如何在持续推动自身发展的同时，为世界和平与发展事业贡献更多中国智慧和中国方案？面对中国式现代化建设道路上出现的这些新问题，我们要坚持问题导向，不断推进实践基础上的理论创新，通过接续奋斗作出符合中国实际和时代要求的正确回答。实践在发展，理论也需要创新。要把马克思主义基本原理同新时代改革开放和社会主义现代化建设实际相结合、同中华优秀传统文化相结合，推进中国特色社会主义理论体系新发展，与时俱进地提出解决现代化建设中出现的各种问题的新理念、新思路、新办法。

---

① 习近平. 高举中国特色社会主义伟大旗帜为全面建设社会主义现代化国家而团结奋斗 ［N］. 人民日报，2022-10-26（01）.

三、坚持中国特色社会主义制度是中国式现代化的固本之策

制度管根本、管长远。习近平总书记指出："中国特色社会主义制度是当代中国发展进步的根本制度保障，是具有鲜明中国特色、明显制度优势、强大自我完善能力的先进制度。"① 党的十一届三中全会以来，我们党以经济体制改革为重点牵头带动各方面的体制机制改革，逐步建立和发展了中国特色社会主义制度。尤其是党的十八届三中全会将"完善和发展中国特色社会主义制度、推进国家治理体系和治理能力现代化"作为全面深化改革的总目标，既明确了中国式现代化建设在国家治理领域的使命任务，也体现出我们党善于运用制度思维和制度化的方式确保中国式现代化的有效推进。党的十九届四中全会深刻回答了"坚持和巩固什么、完善和发展什么"的重大问题，系统描绘了中国特色社会主义制度的图谱，并从 13 个方面总结了我国国家制度和国家治理体系的显著优势，深刻揭示了"中国之治"的制度密码。经过改革开放以来的一系列制度探索和创新，中国特色社会主义制度已经发展成为一个严密完整的科学制度体系，涵盖党的领导和政治、经济、文化、社会、生态文明、军事、外交等各方面制度，其中根本制度、基本制度、重要制度起着"四梁八柱"的作用，为中国式现代化的持续推进提供了全方位、多层次的坚强制度保障。

党的二十大报告强调，要"不断彰显中国特色社会主义制度优势，不断增强社会主义现代化建设的动力和活力，把我国制度优势更好地转化为国家治理效能"，深刻指明了坚持以中国特色社会主义制度推进中国式现代化的时代要求。首先，坚定制度自信，要充分认识到中国特色社会主义制度是经过长期实践检验、来之不易的优秀制度，应对中国特色社会主义制度特色、优势、自我完善能力和治理效能充满信心，坚信这一制度具有无比强大的生命力、创造力和发展活力，同时绝不接受别人"教师爷"般颐指气使的说

---

① 黄建军. 中国特色社会主义制度优势的四重维度 [J]. 国企，2021（24）：86-88.

教，坚决反对制度输出，坚定支持各国探索适合本国国情的社会制度，毫不动摇坚持和发展中国特色社会主义制度。其次，深化制度改革，把开拓正确道路、发展科学理论、建设有效制度在中国式现代化建设实践中有机统一起来；关照中国式现代化建设的重点领域、突出难题、未来走向，进一步完善和发展中国特色社会主义制度的学术体系、理论体系、话语体系，增强以全面深化改革推进中国特色社会主义制度建设的主动性和自觉性，及时把中国式现代化的成功经验转化为制度成果；进一步破除思想观念束缚、利益固化藩篱和体制机制弊端，加快建立和健全推进中国式现代化的制度体系，吸收借鉴优秀制度文明成果，但不照抄照搬他国制度模式，取其精华、弃其糟粕，不断推进制度体系的完善发展，并最终走向成熟。最后，严格执行制度，深刻把握制度的生命力在于执行，要强化制度意识，维护制度权威，确保管党治党和治国理政在制度的轨道上运行，坚决杜绝在制度执行上作选择、搞变通、打折扣，确保制度时时生威、处处有效，将制度优势持续有效转化为现代化建设的实践效能。

四、坚持中国特色社会主义文化是中国式现代化的铸魂之举

物质富足、精神富有是社会主义现代化的根本要求。推进中国式现代化，既需要强大物质力量，也需要强大精神力量。习近平总书记在纪念红军长征胜利 80 周年大会上指出："中国特色社会主义文化积淀着中华民族最深层的精神追求，代表着中华民族独特的精神标识，是中国人民胜利前行的强大精神力量。"党的十一届三中全会以来，我们党以马克思主义为指导，坚持"二为方向"和"双百方针"，统筹发展文化事业和文化产业，不断深化文化体制改革，培育和发展了中国特色社会主义文化，为推进中国式现代化提供了坚强的思想保证、强大的精神动力和丰润的道德滋养。尤其是党的十八大以来，我们党提出和坚持马克思主义在意识形态领域指导地位的根本制度；强调文化自信是更基础、更广泛、更深厚的自信；提出"坚持创造性转

化、创新性发展"① 的重大命题和科学方法；以社会主义核心价值观为引领，发展社会主义先进文化，弘扬革命文化，传承中华优秀传统文化，不断提高国家文化软实力，并擘画了到2035年建成社会主义文化强国的宏伟蓝图，指明了以文化现代化推动基本实现社会主义现代化的光明前景，不断铸就中国特色社会主义文化新辉煌。

新时代新征程上，我们需要锲而不舍地繁荣发展中国特色社会主义文化。从人类现代化的进程来看，工业革命以来，西方在创造巨大物质财富的同时，也陷入了物质主义膨胀的现代化泥淖。马克思在《1844年经济学哲学手稿》中指出，资本主义社会里"人的、社会的行动异化了并成为在人之外的物质东西的属性，成为货币的属性"。以资本、利益为主导的西方式现代化，导致消费主义、拜金主义、享乐主义、极端利己主义泛滥，造就了物质充裕但精神贫乏的"单向度的人"，也使人心涣散、精神颓废等社会问题凸显。习近平总书记指出："当高楼大厦在我国大地上遍地林立时，中华民族精神的大厦也应该巍然耸立。"② 在新的历史条件下，我们党持续坚持物质文明建设和精神文明建设"两手抓，两手都要硬"的方针政策，提出"中国式现代化是物质文明和精神文明相协调的现代化"，③ 团结带领全国各族人民坚持走中国特色社会主义文化发展道路，挺起新时代中华民族的精神脊梁。但同时也要清醒地看到，中国式现代化建设不可避免地会受到一些外部负面文化因素的影响，如国际上一些势力加紧对我国进行意识形态渗透，利用大众传媒、学术平台等宣扬所谓的"普世价值"，严重威胁我国政治安全、文化安全和意识形态安全。此外，国内意识形态领域仍存在不少挑战，过度推崇物质主义、泛娱乐化思想的土壤还未完全消除，网络谣言、网络暴力等现象仍然存在。要同这些负面因素作斗争，必须坚持推动中国特色社会主义文化繁荣、兴盛，用正能量充沛、主旋律高昂的文化滋养人心、滋养社会，

① 王碧薇，金京艺. 激活中华优秀传统文化生命力的实践探索——河南省坚持创造性转化、创新性发展的调研报告 [J]. 党建，2023（7）：46-49.

② 习近平. 在文艺工作座谈会上的讲话 [M]. 北京：人民出版社，2015：6.

③ 习近平. 高举中国特色社会主义伟大旗帜为全面建设社会主义现代化国家而团结奋斗 [N]. 人民日报，2022-10-26（01）.

使中华民族在精神上站得住、站得稳，才能在各种重大考验面前屹立不倒。

党的二十大报告强调："全面建设社会主义现代化国家，必须坚持中国特色社会主义文化发展道路，增强文化自信，围绕举旗帜、聚民心、育新人、兴文化、展形象建设社会主义文化强国，发展面向现代化、面向世界、面向未来的，民族的、科学的、大众的社会主义文化，激发全民族文化创新创造活力，增强实现中华民族伟大复兴的精神力量。"这深刻阐明了进一步推动中国特色社会主义文化繁荣兴盛的时代要求。

第二节　从中国特色社会主义到中国式现代化

党的二十大报告将"坚持中国特色社会主义"作为中国式现代化本质要求的重要方面，将"坚持中国特色社会主义道路"作为前进道路上必须牢牢把握的重大原则。这一系列重要论断，深刻阐明了中国式现代化的根本性质，以及中国式现代化区别并优于西方现代化的核心标识。中国式现代化是社会主义制度条件下的现代化，社会主义制度决定了中国式现代化的基本性质和发展方向。中国式现代化的"中国式"是在坚持和发展中国特色社会主义的过程中形成的。

改革开放之初，邓小平同志就指出："现在我们搞四个现代化，是搞社会主义的四个现代化，不是搞别的现代化。"[1] 党的十八大以来，习近平总书记反复强调，"中国特色社会主义是社会主义，不是别的什么主义"。[2] 我们党始终坚持中国式现代化的社会主义性质，充分发挥社会主义制度集中力量办大事的优势，在统筹兼顾中协调处理现代化建设各方面各领域的关系，对建设社会主义现代化国家在认识上更加深入、战略上更加成熟、实践上更加丰富。

① 邓小平文选（第三卷）[M]. 北京：人民出版社，1993：111.
② 习近平. 关于坚持和发展中国特色社会主义的几个问题 [J]. 求是，2019（7）：4-12.

共同富裕是中国特色社会主义的本质要求，也是中国式现代化的重要特征。中国式现代化是物质文明和精神文明相协调的现代化。物质富足、精神富有是社会主义现代化的根本要求。物质贫困不是社会主义，精神贫乏也不是社会主义。物质和精神都富裕，体现了中国式现代化的本质规定性，与物质主义膨胀的西方现代化存在着质的差别。推进中国式现代化，既要不断夯实人民幸福生活的物质条件，也要大力发展社会主义先进文化，促进物的全面丰富和人的全面发展。

人与自然是生命共同体，人与自然的关系是人类社会最基本的关系，生态文明建设是中国特色社会主义事业总体布局的有机组成部分。西方现代化在创造丰裕物质财富的同时，也带来了难以弥补的生态创伤。中国共产党领导的社会主义现代化，强调人与自然和谐共生，把尊重自然、顺应自然、保护自然作为全面建设社会主义现代化国家的内在要求，坚定不移走生产发展、生活富裕、生态良好的文明发展道路。党的十八大以来，以习近平同志为核心的党中央把生态文明建设纳入"五位一体"总体布局，把坚持人与自然和谐共生纳入新时代坚持和发展中国特色社会主义的基本方略，把美丽中国纳入全面建成社会主义现代化强国的战略目标，人与自然和谐共生的关系，丰富和拓展了中国式现代化的内涵。

和平发展是中国特色社会主义的必然选择，走和平发展道路是中国式现代化的重要特征。我国的社会主义性质和中华民族的文化基因，决定了中国绝不可能走一些国家通过战争、殖民、掠夺等方式实现现代化的老路。高举和平、发展、合作、共赢的旗帜，在维护世界和平与发展中谋求自身发展，又以自身发展更好地维护世界的和平与发展的中国式现代化道路打破了"国强必霸"的陈旧逻辑，避免了那种建立殖民体系、争夺势力范围、对外武力扩张的西方现代化老路，打破了只有西方资本主义道路才能实现现代化的神话，拓展了发展中国家走向现代化的途径，给世界上那些既希望加快发展又希望保持自身独立性的国家和民族提供了全新选择。

第三节　中国特色社会主义与中国式现代化的辩证关系

中国式现代化，不是资本主义的现代化，不是"东方从属于西方"的现代化，而是建设"社会主义强国"的现代化、实现"中华民族伟大复兴"的现代化、推进"人的全面发展"的现代化。因此，中国式现代化，必须是开辟"新道路"的现代化、创造文明"新形态"的现代化。中国式现代化创造的"新道路""新形态"，就是建设"中国特色社会主义"的现代化。

"中国特色社会主义"的现代化，从根本上说，是以马克思主义为指导思想建设社会主义强国的现代化，是为建设社会主义强国不断提供更为完善的制度保证、更为坚实的物质基础和更为主动的精神力量的现代化，是推动物质文明、政治文明、精神文明、社会文明和生态文明协调发展的现代化，是"构建人类命运共同体"和推进"人的全面发展"的现代化，因此是创造现代化新道路和创造人类文明新形态的现代化。完善的制度保证、坚实的物质基础和主动的精神力量，是中国特色社会主义的创新实践，也是中国特色社会主义创造的现代化新道路。

中国特色社会主义创造了"社会主义现代化"的新道路，创造了以建立、巩固、完善社会主义制度为制度基础的现代化新道路。一个国家选择什么样的国家制度和国家治理体系，是由这个国家的历史文化、社会性质、经济发展水平决定的。推动一个国家实现现代化，并不只有西方模式这一条路，各个国家完全可以走出自己的道路。"自从中国人学会了马克思列宁主义以后，中国人在精神上就由被动转入主动。"① 这个"精神上的主动"，就

---

① 毛泽东选集（第四卷）［M］. 北京：人民出版社，1991：1516.

是探索中国现代化的新道路。"只有社会主义才能救中国，只有社会主义才能发展中国"，① 这是中国式现代化的方向和道路，也是中国式现代化最为坚实的制度基础。

在建设社会主义现代化强国的伟大实践中，"我们党深刻认识到，实现中华民族伟大复兴，必须建立符合我国实际的先进社会制度"。② 中华人民共和国成立以来，中国共产党团结带领人民完成社会主义革命，确立了社会主义基本制度，为当代中国一切发展进步奠定了根本政治前提和制度基础。"改革开放是我们党的一次伟大觉醒，正是这个伟大觉醒孕育了我们党从理论到实践的伟大创造。"③ 改革开放实现了中华人民共和国成立以来党的历史上具有深远意义的伟大转折，确立了党在社会主义初级阶段的基本路线，实现了从高度集中的计划经济体制到充满活力的社会主义市场经济体制、从封闭半封闭到全方位开放的历史性转变，不仅坚持和巩固了社会主义基本制度，而且为发挥社会主义的制度优势提供了充满新活力的体制保证。党的十八大以来，以习近平同志为核心的党中央，深刻回答了新时代坚持和发展什么样的中国特色社会主义、怎样坚持和发展中国特色社会主义这个重大时代课题，创立了习近平新时代中国特色社会主义思想，推动党和国家事业发生历史性变革、取得历史性成就，为建设社会主义现代化强国和实现中华民族伟大复兴提供了更为完善的制度保证、更为坚实的物质基础、更为主动的精神力量。"中国特色社会主义是党和人民历经千辛万苦、付出巨大代价取得的根本成就，是实现中华民族伟大复兴的正确道路。"④中国式现代化，是坚持和发展中国特色社会主义的现代化；中国式现代化道路，是坚持和发展中国特色社会主义制度优势的现代化新道路。

中国特色社会主义创造的现代化新道路，是在发挥社会主义制度优势的

①④ 习近平. 在庆祝中国共产党成立 100 周年大会上的讲话［J］. 党建，2021（7）：4-9.

② 习近平. 决胜全面建成小康社会 夺取新时代中国特色社会主义伟大胜利——在中国共产党第十九次全国代表大会上的报告［N］. 人民日报，2017-10-28（01）.

③ 习近平. 在庆祝改革开放 40 周年大会上的讲话［J］. 当代江西，2018（12）：5-13+4.

伟大实践中，不断解放和发展生产力，推动物质文明、政治文明、精神文明、社会文明、生态文明协调发展，创造人类文明新形态的现代化新道路。中国共产党领导中国人民进行社会主义革命和推进社会主义建设，实现了从一穷二白、人口众多的东方大国大步迈进社会主义社会的伟大飞跃。在改革开放和社会主义现代化建设的新征途中，实现了从生产力相对落后的状况到经济总量跃居世界第二的历史性突破，实现了人民生活从温饱不足到总体小康、奔向全面小康的历史性跨越。在中国共产党成立 100 周年之际，"我们实现了第一个百年奋斗目标，在中华大地上全面建成了小康社会，历史性地解决了绝对贫困问题，正在意气风发向着全面建成社会主义现代化强国的第二个百年奋斗目标迈进"。

中国特色社会主义创造的现代化新道路，是在发挥社会主义制度优势中，践行以人民为中心的发展思想，推动人的全面发展和实现全体人民共同富裕的现代化新道路。"人民对美好生活的向往，就是我们的奋斗目标。"[①]人是生理的、心理的、伦理的存在，人民所向往的"美好生活"，在最朴实的意义上，就是比较充裕的物质生活对人的生理需要的满足、比较充实的精神生活对人的心理需要的满足，比较和谐的社会生活对人的伦理需要的满足。满足人民的需要，实现人民对"美好生活"的向往，"发展是解决我国一切问题的基础和关键"。[②] 党的十一届三中全会以来，党和国家的工作重心转移到经济建设上来，确立了社会主义市场经济体制的改革目标和基本框架，确立了社会主义初级阶段的基本经济制度和分配制度，开创了改革开放和社会主义现代化建设新局面。党的十九大明确提出："中国特色社会主义进入新时代，我国社会主要矛盾已经转化为人民日益增长的美好生活需要和不平衡不充分的发展之间的矛盾。"着力解决好发展不平衡不充分问题，大力提升发展质量和效益，更好地满足人民在经济、政治、文化、社会、生态等方面日益增长的需要，更好地推动人的全面发展和社会的全面进步，构成

①② 习近平. 决胜全面建成小康社会 夺取新时代中国特色社会主义伟大胜利——在中国共产党第十九次全国代表大会上的报告 [N]. 人民日报，2017-10-28（01）.

了创新、协调、绿色、开放、共享的新发展理念。新发展理念集中体现了中国式现代化道路的思想内涵、时代内涵和文明内涵，推进了我国物质文明、政治文明、精神文明、社会文明、生态文明协调发展，创造了人类文明新形态。

中国特色社会主义创造的现代化新道路，是在发挥社会主义制度优势中，尊重人民首创精神，发挥人民的主动的精神力量，实现中华民族伟大复兴的中国的现代化新道路。"一个国家，一个民族，要同心同德迈向前进，必须有共同的理想信念作支撑。""人民有信仰，民族有希望，国家有力量。"① 一个国家、一个民族实现自己的现代化的过程，总是蕴含这个国家、这个民族的梦想和追求，总要以这个国家、这个民族的价值理想、价值规范和价值导向为前进方向，总要以这个国家、这个民族的全体人民的价值期待、价值认同和价值取向为坚实基础。建设中国特色社会主义，实现中华民族伟大复兴，不仅是全体中国人民"我们到底要什么"的共同的社会理想和价值导向，而且是"我到底要什么"的每个人的价值期待、价值认同和价值取向，因此激发出全体人民更为主动的精神力量。"中华文化源远流长，积淀着中华民族最深层的精神追求，代表着中华民族独特的精神标识，为中华民族生生不息、发展壮大提供了丰厚滋养。"② 中国人民对中华文明的文化自信，是"走自己的路"、创造中国式现代化道路更基本、更深沉、更持久的精神力量，为坚持中国道路、弘扬中国精神、凝聚中国力量、走出中国式现代化道路和创造人类文明新形态，不断地激发出更为主动的精神力量。正是这种不断转化为"物质力量"的"精神力量"，创造了令世界瞩目的"中国奇迹"。

---

① 习近平总书记系列重要讲话读本 ［M］. 北京：人民出版社，2016：188.

② 习近平在中共中央政治局第十三次集体学习时强调把培育和弘扬社会主义核心价值观作为凝魂聚气强基固本的基础工程 ［J］. 党建，2014（3）：4-6.

第四节　坚持中国特色社会主义的思路与举措

中国特色社会主义进入新时代，如何在新的实践中继续推进中国特色社会主义建设，发展人类文明新形态，走好中国式现代化道路，是摆在我们面前的时代重任。建功新时代，走好中国特色社会主义必由之路，中国共产党人必须蹄疾步稳，保持时不我待、只争朝夕的精神状态，以务实的担当和卓越的作为，回应实现全面建成社会主义现代化强国的第二个百年奋斗目标的实践要求。

一、继续推进物质文明建设，让富强更加坚实

富强，是物质文明发展的直接结果，是人类文明发展的首要目标，物质文明的发展和富足是人类文明形成的基础。所以，中国特色社会主义道路的探索和发展始终把富强作为基本和首要的追求目标。中国的富强，既包括人类文明发展的普遍追求，也具有中国特色的价值意蕴。一方面，中国的富强首先指的是人民的富强。在中国，人民是国家的主人，是富强中国的建设者，也必然是富强中国的受益者。人民的共同富裕是富强中国的必然内涵，也是社会主义制度的必然内涵。只有保证人民富强，国家的富强才能更有基础、更有未来。相反，如果富强国家的建设只能让少数人受益或者被资本主导，那么这样的富强是本末倒置的，必然不会长久。资本主义国家接二连三出现的经济危机、政治危机就是明证。另一方面，中国的富强还指的是国家的富强。国家是人民的集合体，又是保障人民最根本利益的综合体。没有国家强有力的保障，人民的富强也无从谈起。近代中国给人民带来的苦难，就证明了落后就要挨打、贫弱没有未来。当然，中国追求的是和平的富强，而不是沿袭资本主义国家"国强必霸"的基本逻辑。当代中国一再强调，我们

永远不会称霸，我们推动构建人类命运共同体。综合来看，中国的富强是人民富强和国家富强的统一体，两者相互促进、相辅相成。中华人民共和国成立70多年来，中国共产党带领中国人民探索形成了中国特色社会主义道路，始终把富强作为这条道路的基本目标，把物质文明建设放在一切工作的中心地位，在推动富强中国建设的道路上取得了实质性进步。在未来的第二个百年，中国特色社会主义道路的深化拓展依然要坚持富强中国的目标，让富强的基础更加坚实。

二、继续强化政治文明建设，让民主更加有效

民主，是现代政治文明不变的追求，是全人类孜孜以求的共同价值。中国共产党人也始终把民主作为政治文明建设的方向，始终不渝地构建中国式民主。因为"没有民主就没有社会主义，就没有社会主义现代化"①。从历史的发展来看，现代意义上的民主起源于古希腊，后来被资本主义国家广泛应用而发展至今。关于民主的内涵，可以从不同层面来理解，从国家制度层面看民主就是一种国家形态，从个体角度看则指民主权利，从组织实施方面来看又是一种组织方式、实践形式，从思想层面也可以理解为民主思想和意识。但是不论如何理解，民主从本质上来说，就是指人民当家作主。任何一个国家或组织，只有真正实现了人民当家作主、人民的事情人民说了算，才能说是真正的民主。但是，在资本主义民主发展过程中，民主逐渐背离了其初衷。资本主义国家大多注重程序民主、形式民主，人民只有在选举的时候才被唤醒，选举之后就被放之脑后。正如某些西方学者所说，人民沦为选民，民主沦为选主。表面上人民具有决定性的选举权，但其实他们的选举权是狭隘的、被人为控制的；真正的民主最终还是掌控在少数人手中、掌控在统治阶级手中。民主就其本意来说是好的，是政治文明建设绕不过的关口。但民主是否有效、是否适用还要由人民说了算、还要根据自己的实际去探

―――――――――――

① 习近平总书记系列重要讲话读本［M］. 北京：人民出版社，2016：188.

索，所以，民主不能强制推广，也不能盲目照搬，一国的民主制度由一国的人民作主、国际的民主由所有国家共同作主，任何搞民主扩张、霸权主义的行为都是违反民主本义的、是极为错误和有害的。中国式民主是中国人民自己选择的，是被证明真实有效的民主，但是，对民主的探索和发展是没有止境的，随着现代化的深入发展以及人民需求的升级，我们必须不断强化政治文明建设，以保证中国式民主的真实有效和长久发展。

三、继续加强精神文明建设，让文明更加深入

文明，有广义和狭义之分。广义的文明指的是人类创造的一切积极成果的总和，这在前文已多有论述；狭义的文明指的是文明的一个构成部分，如物质文明、精神文明等。在这里，文明是中国特色社会主义道路总体目标中的一个组成部分，与富强民主文明和谐美丽是并列关系，因此应该从狭义上来理解文明，指的是精神文明建设所要达到的目标，是思想文化繁荣兴旺的表达。加强精神文明建设，既要坚持中国特色社会主义文化发展道路，还要保证思想意识、指导思想的科学先进。

四、继续提升社会文明建设，让和谐更加普遍

和谐，就是事物之间稳定的存在状态。在这个状态下，人与人、人与社会、人与自然之间都和睦相处、和合共生。中华民族自古以来就一直把和谐作为一种价值目标。例如，在国家治理层面追求政通人和、和衷共济、和平发展、和谐万邦，在社会治理层面追求和气生财、和为贵、家和万事兴。很多思想家、政治家也把和谐作为自己的政治理想，如老子的"小国寡民"、墨子的"兼爱"、康有为的"人人相亲，人人平等，天下为公"。我们平常也经常说，天时不如地利，地利不如人和。可见，和谐是中华民族和中国人民内心深处的优秀品质。和谐作为一种价值理想和价值目标，不仅在中国备受推崇，而且具有世界意义，是人类文明发展的目标之一。社会主义者始终

把和谐作为自己的主要特征和奋斗目标，无论是在空想社会主义阶段，还是在科学社会主义阶段，以及中国特色社会主义，都把和谐作为目标不断奋进。如今，和谐在世界上也有广大的市场和支持者。例如，孟加拉国共产党（马列）总书记迪利普·巴鲁阿就十分看好中国的和谐社会建设，并且希望中国能够将其推广到全世界。他说："我们希望，中国共产党不仅建设和谐中国，更要将这种和谐的氛围推广到全世界，并同包括孟加拉国人民在内的全世界人民一道，为全人类带来一个和谐的未来。"中国共产党在中国特色社会主义道路的探索进程中，一直秉持和谐理念，始终重视和谐社会的构建。党的十六届四中全会明确提出了构建社会主义和谐社会的战略目标，把"民主法治、公平正义、诚信友爱、充满活力、安定有序、人与自然和谐"①作为努力方向。党的十八大指出："社会和谐是中国特色社会主义的本质属性。"② 习近平也明确指出："和谐稳定是经济社会发展、市民安居乐业的根基。"③ 尽管和谐一直都是我们的奋斗目标和理想追求，我国也取得了前所未有的成就，但要真正达到理想的和谐状态还任重道远，需要我们加倍努力，致力于社会文明建设。

五、继续完善生态文明建设，让美丽更加持久

美丽，不仅是人人都追求的一种美好状态，更是我们生态文明建设的价值追求和理想目标。在党的十八大上，美丽中国进入我们的视野，强调要把生态文明建设放在突出地位。党的十八届五中全会把美丽中国纳入"十三五"规划，党的十九届五中全会又把美丽中国纳入"十四五"规划，足以反映我们对生态文明的重视和渴求。其实，美丽中国一直都是人们的奋斗目

① 中共中央关于构建社会主义和谐社会若干重大问题的决定［N］.人民日报，2006-10-19（01）.
② 胡锦涛.坚定不移沿着中国特色社会主义道路前进 为全面建成小康社会而奋斗——在中国共产党第十八次全国代表大会上的报告［N］.人民日报，2012-11-09（01）.
③ 习近平.在庆祝澳门回归祖国15周年大会暨澳门特别行政区第四届政府就职典礼上的讲话［N］.人民日报，2014-12-21（02）.

标，只是不同的时代对美丽的理解有所不同。在古代，美丽中国就是大好河山、广袤疆域；在近代，美丽中国就是高楼林立、资源丰盛；如今，美丽中国就是绿水青山、蓝天白云。之所以有这样的区别，主要是受物质条件限制，生产力低下时必须依靠自然来生存；随着生产力的发展，人们把精力转移到工业化、现代化上，就导致了生态环境的破坏；生产力满足人的物质需求后，人们对生态美丽的需求自然就会成为主流。在生活困难的时候，环境的美丽是不会被注意到的；而生活富裕了之后，人们又会发现美丽的环境已经不存在了。美丽中国目标的提出，就体现了生态建设的更高要求以及人们对美丽生态环境的迫切追求。但是，在我们以粗放的方式对自然大肆索取之后，层出不穷的环境问题和脆弱不堪的生态系统给美丽中国建设增添了许多困难。所以，全面推进生态文明建设既紧迫必要又任务艰巨。

第四章　实现高质量发展

习近平总书记在党的二十大报告中指出，"从现在起，中国共产党的中心任务就是团结带领全国各族人民全面建成社会主义现代化强国、实现第二个百年奋斗目标，以中国式现代化全面推进中华民族伟大复兴"，并强调"高质量发展是全面建设社会主义现代化国家的首要任务"，实现高质量发展是中国式现代化的本质要求之一。中国式现代化是中国共产党领导的社会主义现代化，既有各国现代化的共同特征，又有基于自己国情的中国特色。这也凸显出以中国式现代化全面推进中华民族伟大复兴的重大意义，强调了发展质量在现代化建设中的支撑作用。

第一节　高质量发展是中国式现代化的首要任务

一、高质量发展是中国式现代化本质要求的重要内容

高质量发展深刻体现了历史规律的决定性和历史主体的选择性。进入新时代，我国社会主要矛盾发生了深刻变化，历史约束条件和外部发展环境也有了重大转变。为此，经济社会发展必然需要摒弃专注数量与速度的老路，

实现与时俱进。为了顺应世界科技革命和产业变革潮流，满足经济发展新常态的内在要求，解决新时代社会主要矛盾，符合"新发展阶段、新发展理念、新发展格局"的发展逻辑，走质量优先的发展战略成为中国式现代化建设新的模式选择和实践转型。高质量发展与中国式现代化有着本质上的同构性。何为高质量发展？概而论之，高质量发展就是能够很好满足人民日益增长的美好生活需要的发展，是体现和高度聚合新发展理念，让创新成为第一动力、协调成为内生特点、绿色成为普遍形态、开放成为必由之路、共享成为根本目的的发展。由此可见，高质量发展是中国式现代化道路的重要内涵，生动展现了我们党对时代主题的理性把握和推动经济社会发展的理性自觉。走高质量发展之路并不是一个纯客观的过程，而是具有一定价值意蕴或追求进步的历史过程，其中既蕴含着价值观，又体现着方法论。实现高质量发展必须要坚持贯彻新发展理念，并不断增强人们的获得感、幸福感、安全感。

二、高质量发展是实现中国式现代化的关键路径

现代化发展问题是当代世界所面临的最重要、最具现实性的问题之一。党的二十大报告一再强调高质量发展对中国式现代化的长远意义。从历史成效看，高质量发展是我国经济在"十三五"期间取得历史性成就的指南针。"十三五"期间，我国经济结构持续优化，国内生产总值从不到70万亿元增加到超过100万亿元，经济实力大幅跃升，中国经济增长对世界增长的贡献率也总体保持在30%，是世界经济增长的最大引擎。① 从战略全局看，高质量发展是"十四五"乃至更长时期我国经济社会发展的主题，关系我国社会主义现代化建设全局。党的二十大强调未来五年是全面建设社会主义现代化国家开局起步的关键时期，而实现高质量发展，是应对国外战略遏制、推动国内经济结构转型、实现人民美好生活、化解各类风险挑战的基本路径。

---

① 武力．"十三五"时期我国经济社会发展成就显著［J］．红旗文稿，2020（20）：34-37.

三、高质量发展是超越经济范畴的完整系统

现代化的基础与核心是经济发展，经济现代化是整个社会现代化最主要的标志，但经济绝非衡量现代化的唯一指标。单纯追求经济、政治等单一向度的、非均衡的现代化，并不是可持续的现代化。世界现代化的历史特别是拉美、中东地区等一些发展中国家在"跨越式"追赶世界现代化潮流的过程中，都发生了深刻的社会变革。这一历史表明，现代化过程是一场涉及经济、政治、社会、思想、文化等方面的"社会变革"，国家在实现现代化的过程中需统筹好各个方面、协调推进。在主持起草"十四五"规划建议过程中，习近平总书记强调，高质量发展不仅指经济领域，还包括党和国家事业发展的其他各个领域。在党的十九届五中全会上，习近平总书记进一步指出，"经济、社会、文化、生态等各领域都要体现高质量发展的要求"。正是在我们党对历史经验的把握和对经济社会发展规律的认识逐步深化的基础上，高质量发展跨越经济领域，向社会生活各领域渗透，成为新发展阶段经济社会发展的鲜明主题。这一发展主题的全面升级，体现了对西方经济增长理论线性思维方式的超越，丰富了马克思主义政治经济学理论体系。

纵观全球发展问题，在社会变革浪潮中，现代化不再只是以工业革命、商品经济、科技革命为表现形态的现代性，而是一个民族的文明结构在其历史变迁过程中的重新塑造，是包括经济、社会、政治、文化诸多层面在内的全方位转型。因此，在以中国式现代化全面推进中华民族伟大复兴的伟大征程中，高质量发展应贯穿经济社会发展的方方面面。

第二节　实现高质量发展的现实基础

一、中国经济发展有韧性

国家统计局的数据显示，2021 年我国国内生产总值同比增长了 8.1%，经济增速在全球主要经济体中名列前茅；经济总量达到了 114.4 万亿元，按年平均汇率折算后达到了 17.7 万亿美元，稳居世界第二，占全球经济的比重超过了 18%。[①] 人均国内生产总值 80976 元，达到了 12551 美元，已经成为中等收入偏上国家。2021 年末，外汇储备余额 32502 亿美元，稳居世界第一。进入 2022 年，从环比看，消费者价格指数（CPI）由 2021 年 12 月下降 0.3% 转为上涨 0.4%；从同比看，CPI 上涨 0.9%，涨幅比 2021 年 12 月回落 0.6 个百分点。[②] 据测算，在 2022 年 1 月 CPI 0.9% 的同比涨幅中，2021 年价格变动的翘尾影响约为 0.5 个百分点，新涨价影响约为 0.4 个百分点。也就是说，在全球新冠疫情并没有得到实质性解决的情况下，我国经济在 2022 年初仍然取得不错的成绩，CPI 的上涨说明经济活力持续得到恢复。根据人力资源和社会保障部的数据，我国就业形势总体稳定，2021 年全国城镇新增就业 1269 万人，2021 年全年全国城镇调查失业率平均值为 5.1%，比 2020 年的平均值下降 0.5 个百分点。2021 年底召开的中央经济工作会议提出，要在推动高质量发展中强化就业优先导向，提高经济增长的就业带动力。就业问题的良好解决能极大地提高人民群众安居乐业的稳定性，从而使经济社会发展进入良性循环。

---

① 中华人民共和国 2021 年国民经济和社会发展统计公报 [EB/OL]. [2022-02-28]. 中华人民共和国中央人民政府，https://www.gov.cn/xinwen/2022-02/28/content_5676015.htm.

② 张莫. 2021 年末我国外储规模达 32502 亿美元 [N]. 经济参考报，2022-01-07（01）.

上述成绩的取得，充分说明了中国经济的韧性和强劲的持续性。这一韧性和持续性除了来源于我国巨大的人口优势和就业问题的妥善解决之外，更重要的是受益于我国较为完备的产业链和供应链，工业品出口持续较快增长。2021 年，规模以上工业企业出口交货值比 2020 年增长 17.7%。① 所以，我们必须清醒地认识到，经济全球化发展是我国经济由大到强的一个重要契机，为我国经济发展提供了更广阔的舞台。习近平总书记强调，"产业链、供应链在关键时刻不能掉链子，这是大国经济必须具备的重要特征"。② 中国经济的韧性成为实现高质量发展的基础和前提，在世界经济状况复杂多变的情况下，中国经济的韧性成为其突破各种障碍和阻力的力量来源，从而赋予了中国经济持续发展的可能性。

二、中国经济高质量发展有基础

据国家统计局测算，2021 年我国全社会研究与试验发展（R&D）经费投入为 27864 亿元，比 2020 年增长 14.2%，扣除价格因素，实际增长9.4%；R&D 经费与国内生产总值（GDP）之比达到 2.44%，比 2020 年提高0.03 个百分点。其中，基础研究经费为 1696 亿元，增长 15.6%，增速比全社会 R&D 经费增长快 1.4 个百分点；占 R&D 经费比重为 6.09%，比 2020 年提高 0.08 个百分点。所以，我国经济高质量发展已经具备了基础条件：科研经费的大规模投入，使我们具备了实现经济质量变革的基础条件；高科技手段的持续引入，使我们具备了实现经济效率变革的基础条件；锚定科技前沿，努力补短板的一系列重大举措，使我们具备了实现经济动力变革的基础条件。

当前，我国的产业体系更加完整，生产组织方式网络化、智能化，企业的创新力、需求捕捉力、品牌影响力、核心竞争力、产品和服务质量都在不断提升。随着人民群众的需求逐渐个性化、多样化并不断升级，我国的供给

---

① 卢山．工业生产稳中有进　企业效益持续提升［EB/OL］．［2022-01-18］．国家统计局，https：//www. stats. gov. cn/xxgk/jd/sjjd2020/202201/t20220118_1826604. html.

② 习近平．国家中长期经济社会发展战略若干重大问题［J］．求是，2020（21）：52-57.

体系和供给结构也在不断变革和升级，这种供给变革和升级又不断催生新的需求，从而形成供给与需求相互促进的良性循环。同时，科技进步的贡献率和全要素生产率的提升，使劳动效率、资本效率、土地效率、资源效率、环境效率不断改善，为高质量增长提供了扎实的技术基础。高质量发展的成果最终要体现在分配上，这就要求实现投资有回报、企业有利润、员工有收入、政府有税收，从而不断向更高水平的共同富裕方向迈进。在宏观经济循环方面，生产、分配、流通、消费循环通畅，国民经济重大比例关系和空间布局比较合理，我国实现了经济发展平稳，没有出现明显的大起大落。这一系列的成果说明，我们的高质量发展已经切实地从改革开放前的"有没有"转变为改革开放后的"够不够"，新时代正在稳定地向"好不好"进行转变。

第三节　实现高质量发展的问题与挑战

党的十八大以来，我国取得了巨大成就，经济发展的投入质量、过程质量和产出质量都显著提高，但离高质量发展的要求仍存在一定差距，突出表现为高质量发展的社会文化氛围还未形成、高质量发展的体制机制尚不健全、高质量发展的高端要素供给还存在短板三个方面。

一、高质量发展的社会文化氛围还未形成

从供给端看，追求高质量还不是微观主体的主动行为。由于深受中国延绵数千年的农耕文化的影响，工业领域的从业人员普遍具有封闭保守、追求快速盈利、做事不精细等显著特征。近几十年工业化的转型过程中，出现了投机取巧、急功近利等浮躁之风，产品质量和安全问题时有发生。从社会的价值取向来看，盈利水平、资产规模、企业估值成为衡量企业成败的关键因素，但事实上，打造百年老店需深耕，许多企业关注做大而非做精做专、将

"转行"当"转型",房地产热、互联网热、股市热让大量资金脱实向虚,不利于企业健康发展。另外,"廉价低质"形象亟待得到根本改变。不少企业认为,中国制造创造了物美价廉的传奇,但抄袭模仿使中国产品背上了"廉价低质"的标签,既影响了国外消费者对中国产品的定位和看法,也使国内消费者对本土品牌信心不足。

从需求端看,质量型消费的文化氛围还未形成。长期以来,我国消费存在两个重大误区:一是追求"物美价廉",但在一个充分竞争、信息完全的环境下,"物美"和"价廉"是矛盾的,消费者需要接受高质产品的高价,才能够促进企业提供更高质量的产品和服务;二是"崇洋媚外",认为国外生产就代表高质量。无论是追求"物美价廉",还是"崇洋媚外",都会严重打击国内企业提供高质产品和服务的积极性。

二、高质量发展的体制机制尚不健全

首先,市场机制尚不健全,市场公平性有待提高,市场机制对微观主体的活力和创造力的激发还不足。在一些行业和领域,市场配置资源的作用有待加强,优胜劣汰的竞争还不充分。对知识、创意、设计等知识产权的保护还有待提高,侵权成本低对创新积极性造成损害。实体经济部门的运营成本偏高,降成本的成效还比较有限,难以帮助实体经济部门和企业重构竞争优势,一些普惠性政策落实不到位,造成实际运营企业的成本居高不下。

其次,转变政府职能尚未适应新的要求,各级政府治理能力有待提高。政府进行市场监督的手段和方式还比较传统,参照的标准较低,难以起到促进微观主体创新的效果。政策设计和制定保守,政策的公开度、透明度、稳定性和可预期性较差,各项政策、各级政策之间的衔接不畅,政策间相互矛盾的情况仍然存在。简政放权的步伐还不够快,部门利益、地方利益仍然是最重要的障碍之一,政府部门的服务意识不足。

再次,高质量发展的公共保障制度不健全,人民群众获得感提升还存在较多障碍。公共财政支出效应还不够突出,在不断增加民生、教育、医疗、养老支出的情况下，人民群众生活改善的步伐还不够快。社会保障体系的保障能力和可持续性还有待提高。消费环境和对消费者的保护还不能满足人民群众日益增长的美好生活需要。金融制度同样需要改革完善，以不断提高抗风险能力及对实体经济部门的支撑能力。

最后，高质量发展的评价体系尚未形成。现行政策和政绩考核体制仍然以规模增长为基础，与高质量发展间的矛盾突出反映为：对要素生产率提高的重视程度不够，重视产出规模而忽略劳动、资本、土地、资源、生态环境的投入；忽略了部分活力指标，特别是对创业、创新等新经济指标的重视程度不够；对人力资源、人的成长指标的重视程度不够，人民生活幸福感没有得到充分体现。

三、高质量发展的高端要素供给还存在短板

首先，中国品牌、标准的全球认可度还不够高。品牌和标准是重要的无形资产，能够代表一个国家和企业的国际竞争力。全球著名品牌价值评估及战略咨询公司 Brand Finance 发布的 2017 年全球最具价值品牌 500 强中，前十位有 8 家美国公司、1 家韩国公司，中国工商银行排名第 10。在前 100 强中，中国有 16 家公司上榜，但是除了华为，其余全部是垄断金融企业、能源企业、建设企业和新兴互联网平台企业，实体经济部门的品牌价值普遍偏低。中国标准在近几年有较快发展，但世界标准体系由发达国家跨国公司主导的格局并没有改变，在很多产业和产品领域，中国虽然做到了全球规模最大且实现了技术领先，但在出口和国际招投标中却不得不采取国外标准，发达国家也时常通过各类标准限制中国企业参与国际竞争。例如，中国制造业的名片——高速铁路在"走出去"的过程中，频频遭遇国际竞争对手的恶意阻挠，缺少被国际市场认可的"中国标准"是重要原因。

其次，关键核心技术自主化程度不高，前沿技术储备不足。通过引进消化吸收再创新，以及自主创新，中国实现了对世界技术强国的快速追赶，客观上讲，中国已经建立起了全球为数不多的、覆盖整个工业体系、拥有完整

创新链的国家创新体系，很多领域的技术水平达到或接近世界领先水平。在中国整体技术能力接近世界领先水平的情况下，中国通过技术进步实现高质量发展的难度增大。一方面，一些关键技术和核心技术的突破需要加大投入和时间积累，特别是在半导体、新材料、农业化学、高端机床等产业和产品上一直受制于人，严重阻碍中国产业国际分工地位的提升。另一方面，前沿技术的储备不足，中国技术研发长期偏重于应用开发，基础研究能力相对较弱，未来有再次被发达国家锁定在产业链中低端的风险。

最后，高质量发展的人才供给还不充分。人才是高质量发展最关键的供给要素，从整个国家来看需要形成包括科学家、研发人员、创业者、企业家、高级产业工人等在内的人才结构。改革开放以来劳动密集型产业的高速发展虽然一方面将中国低劳动力成本优势转化为竞争优势，但同时也存在高端人力资源积累不足的问题。根据中华全国总工会的研究，老牌工业强国都是技师技工的大国，日本整个产业工人队伍中高级技工占比为40%，德国则达到50%，发达国家平均超过35%，而中国这一比例仅为5%，全国高级技工缺口近1000万人。① 由于产业工人整体素质和技能水平不高，中国劳动生产率水平仅为世界平均水平的40%，不到美国的10%。更为严峻的是，在中国经济高速增长的2000~2012年，全国高级技工在劳动者中的比重没有变化，仍停留在5%左右。

第四节　实现高质量发展的思路与举措

一、进一步完善市场机制，促进资源优化配置

党的二十大报告指出："坚持和完善社会主义基本经济制度，毫不动摇

---

① 李守镇．中国高级技工缺口近千万人　当务之急打造更多"大国工匠" [EB/OL].［2017-03-09].中国新闻网，https：//www.chinanews.com/gn/2017/03-09/8169853.shtml.

巩固和发展公有制经济，毫不动摇鼓励、支持、引导非公有制经济发展，充分发挥市场在资源配置中的决定性作用，更好发挥政府作用。"市场机制有两大基本机制：一是价格机制；二是竞争机制。价格机制指价格能够灵活调整；竞争机制指企业和个人可以自由进入或退出市场。在这两大机制的作用下，市场经济能够自动运行。比如，产品供大于求时，由于供给方的竞争，产品价格会下降，从而增加市场需求，使供求间的缺口越来越小，最终实现供求平衡；产品供不应求时，产品价格会上涨，从而增加供给，供求间的缺口也会越来越小，最终实现供求平衡。

充分发挥市场机制，有利于实现社会利益与个人利益相统一。个人或企业在符合法律和道德的基础上充分追求个人利益也是在推动社会利益的实现。每个人在生产能够满足社会需求的产品时既满足了个人利益又满足了社会利益。个人利益与社会利益之间没有冲突，反而会相互促进，对个人利益的追求有利于整个宏观经济的发展。

由于价格机制和竞争机制的作用，经济多数情况下会处于均衡状态或者向均衡状态趋近的过程中。这就使整个经济过程中没有浪费，供给一方生产的产品都卖了出去，消费者也都买到了需要的商品。在经济处于均衡状态时，供求双方的利益都得到了满足。同样，在劳动力市场上也能实现供求一致。比如，劳动力供大于求时，工资就会下降，供给就会减少，需求就会增加；劳动力供小于求时，工资在企业竞争的作用下会上涨，供给就会增加，需求就会减少。所以，在市场机制的作用下，既没有劳动力过剩，也没有劳动力短缺，社会处于相对和谐的状态。

市场经济被认为是一个十分完美的经济机制，前提假设是价格调整的速度足够快。在理想状态下，供求均衡，既没有生产过剩，也没有商品短缺，既不存在劳动力过剩，也不会出现劳动力短缺，各种资源均得到充分有效的利用，使个人利益和社会利益相统一。

二、进一步扩大市场，提高企业生产效率

为使市场经济更为有效地运行，需要进一步扩大市场。市场越大，意味

着市场需求越多。局部地区的市场与全球性市场相比，需求总量显然不一样。如果一个企业仅在一个小镇上发展，那么市场需求也就只有一个小镇，但如果面对整个世界，这一企业的生产规模就会"无限"放大，"无限"仅相对于小镇而言。从供给方来看，或从使用要素看，对外开放有利于更多优质资源的流动。比如，对于一个国家来说，资源是有限的，尤其是某些关键性的战略资源，通过对外引进，可以有效缓解资源方面的约束。2019 年，我国石油对外依存度达 70.8%。[①] 可以想见，如果没有对外开放，我们完全依赖自己的能源供给来满足能源需求的话，就需要消耗大量的煤炭，那么我们的环境就会受到较大影响。不仅如此，失去石油进口还会导致我国生产成本的上升，从而使我国产品在国际市场上的竞争力下降。石油只是我国引进外国资源的一部分，矿石、芯片等也是我国需要引进的资源。所以，对外开放有利于缓解自然资源和其他中间投入品的约束。

通过对外开放，我们还可以引进国外的先进技术、管理方式，以及国外的资金，从而提高我国的技术水平、管理水平，解决资金短缺的问题。改革开放之初，我国资金短缺问题尤为严重，随着改革开放的深入推进，越来越多的外来投资涌入中国，有利于我国提高资本存量，增强生产能力。所以，对外开放有助于提高潜在增长率。同时，对外开放强化了竞争机制，倒逼各个企业提高生产效率。

三、进一步扩大需求，解决产能过剩问题

产能过剩是市场经济发展到一定程度时都会面临的问题。每个企业或个人在追求个人利益最大化时会在市场强大的激励作用下不断扩大生产规模，生产更多产品，但需求却遵循边际效用递减规律。什么是边际效用递减规律？随着消费者对某种商品的消费量的增加，消费者从该商品连续增加的每一消费单位中所得到的效用增量即边际效用递减。以吃饭为例，在饥饿状态

---

① 中国石油企业协会. 中国油气产业发展分析与展望报告蓝皮书（2019–2020）[R]. 2020.

下吃下一个馒头，效用很大，而吃第二个馒头带来的效用就会减少，在饱腹状态下吃下一个馒头，效用增加量几乎为零。

在宏观经济下，边际效用递减规律表现为边际消费倾向递减规律，即随着收入的增加，人们的消费意愿越来越弱。比如，当一个人月收入为2000元时，每月开支基本与收入持平，没有结余。如果这个人的月收入提高到5000元，在满足基本生活需要之后，可以攒下500元，那么他的消费倾向变为0.9。假定将其月收入增加至10000元，每月消费8000元，剩余2000元，则其消费倾向变为0.8。所以，随着收入的增加，消费占收入的比例越来越低。这对宏观经济意味着什么？每个人的收入相当于生产出来的经济产品。当一个人的月收入是10000元时，意味着他为经济发展提供了价值10000元的产品。每个消费者都会有一定的储蓄，储蓄其实就是每个人生产的产品没有被消费的部分。因此，这必然会产生消费不足的情况。多出来的这部分产品怎么办？企业部门可以将消费者没有消费的部分用于投资，以此实现供求平衡，但问题是企业投资是不可以无限扩大的。假如这个人的月收入从10000元变为100000元，而每个月只消费50000元，那么其消费倾向将变为0.5。随着收入水平的逐渐提高，储蓄金额也会变得越来越多，就需要更多投资。对于企业来说，随着经济规模的扩大，企业的生产能力也越来越大，企业之间的竞争又使收益率越来越低，从而使其投资积极性下降。这时可以通过降息调动企业投资的积极性。利息是企业的机会成本，企业的净利润是收益减去利息成本。随着利息率的下降，即使企业投资收益率下降，企业得到的净收益或净利润率也可能保持不变，或至少是正向的，从而提升企业的投资积极性。当利息率降为0时，如果还有未被资本消化的储蓄，就会不可避免地出现产能过剩的情况。

四、进一步推进供给侧结构性改革

按照著名经济学家熊彼特提出的理论，创新可以分为五大类，即产品创新、工艺创新、市场创新、原材料创新和管理创新。

现在，世界各国都进入了全球大市场中，争夺市场份额成为各国、各企业竞争的主要目的。在全球竞争中，各国都在想方设法地降成本。因为，同样一件产品，成本越低，就能以更低的价格成交，从而抢到更大一块"蛋糕"。大家回想一下，这几年世界各国为降成本都做了哪些事情？比如，德国的"工业4.0"、巴西的"强大巴西"计划、印度的国家制造业政策等。可见，世界各国都在供给侧上做文章，致力于通过提高本国技术水平，提高生产效率，从而降低本国企业的平均成本，提高国际竞争力。这就是创新五大类中的工艺创新。工艺创新是各国高质量发展的重要途径，通过提高技术水平降低本国产品的生产成本，在国际市场价格不变的前提下，提高收益率，从而推动高质量发展。

以美国为例。2020年，美国太空探索技术公司（SpaceX）共有6039名员工，与其他航天企业十几万人的规模形成鲜明对比。[①] 虽然这家企业的工资水平并不低，但是其能通过控制规模将劳动力成本降到较低水平。这家企业开发出可重复使用的火箭，如已经重复使用十多次的猎鹰9号火箭，这就使火箭发射成本大幅下降。所以，降成本是供给侧结构性改革的核心。无论是管理创新，还是工艺创新，最终都要落在降低成本上。只有降低成本，才能有效提高竞争力，占领市场份额。美国还采取了能源自给战略，使本国石油和天然气能够自给自足，并且对外出售，进一步降低美国企业的生产成本。产品创新方面，近几年美国推出太空旅行。通过一定训练，普通人也有机会到太空旅行。太空旅行很可能成为下一个消费热点，它既是优质的消费需求，也是优质的投资需求，有利于经济持续健康发展。2008年以后，为应对金融危机，美联储将联邦基准利率从5.25%降到0~0.25%的超低水平。低利息率对投资质量的刺激作用较低，要想使美国经济正常运转，就需要逐步提高利息率。截至2022年，美国已将利息率提高为3%~3.25%，这意味着美国经济已经在逐步恢复正常。美国的案例向我们展示了产品创新和工艺创新的重要作用。

---

① 沈怡然.6039名员工的SpaceX完成首次载人试飞，社会资本撬动航天巨舰［EB/OL］.［2020-05-31］.经济观察网，https：//www.eeo.com.cn/2020/0531/385413.shtml.

原材料创新也是科技创新的一部分，也有助于降低企业的生产成本，从而提高企业的收益率，扩大投资。原材料创新在人类近两三百年的历史中表现得尤为明显。比如，工业革命到来之前，全球最主要的能源是生物质能源，工业革命以后出现了蒸汽机，煤成为最重要的能源，内燃机出现后，石油成为最重要的能源。每一次工业革命都推动了原材料的变革。现在，能源方面原材料的替代问题引起了各国的关注，各国都在应对气候变化，并提出要逐渐淘汰化石能源。

市场创新有助于提高经济的运行质量。比如，通过对外开放，我国引进了大量优质的原材料，有利于提高我国产品质量，降低生产成本，减少环境污染问题。此外，对外开放还能够扩大本国产品市场，市场越大，需求就会越多，就可以扩大生产规模，从而降低成本，提高企业收益率。

管理创新在我国的重要体现是改革。改革开放以来，我国经济迅速发展。改革既有利于提高企业的生产效率，降低成本，增加供给，也有利于提高经济运行的质量。

总体来说，首先，要坚持社会主义市场经济体制，充分发挥市场在资源配置中的决定性作用。社会主义市场经济可实现个人利益和社会利益相统一，避免出现生产过剩和商品短缺问题，解决失业和劳动力短缺问题。其次，要把扩大内需战略同深化供给侧结构性改革有机结合起来。市场经济本身并不完美，古典经济学给我们描绘的是市场理想的运行状态。为保证市场经济持续运行，需要有力的政府支持，即宏观调控。从需求方角度看，我们要扩大内需；从供给方角度看，我们要去产能。去掉落后产能，实现产业升级，满足中国消费者更高需求的同时提高我国产品在国际市场上的竞争力，这就是供给侧结构性改革的含义。所以，宏观调控要从供求两侧同时发力，把扩大内需战略与深化供给侧结构性改革有机结合起来。再次，我们不应过度依赖财政政策和货币政策，而是要将侧重点放在产品创新上。通过产品创新，可以扩大优质投资和优质消费。最后，我们要坚持高水平对外开放，加快构建以国内大循环为主体、国内国际双循环相互促进的新发展格局。目前，我国已深深嵌入世界经济格局中，原材料和技术等对外依存度较高，对国外产品市场的依赖度也较高。我国要依托自身超大规模的市场优势，以国内大循环吸引全球资源要素，增强国内国际两个市场的联动效应，提升贸易投资合作质量和水平。

五、进一步推动经济体系优化升级，加快发展现代产业体系

坚持把发展经济的着力点放在实体经济上，坚定不移地建设制造强国、质量强国、网络强国、数字中国，推进产业基础高级化、产业链现代化，提高经济效益和核心竞争力，提升产业链供应链现代化水平。保持制造业比重基本稳定，巩固壮大实体经济根基。实体经济是相较虚拟经济而言的，虚拟经济在当代也很重要，但是如果过于关注虚拟经济，虚拟经济吸纳的资源过多，就会阻碍实体经济的发展。目前，制造业企业吸引人才、资金的能力较弱，就与虚拟经济自身运行的独立性有很大关系，这是我们要解决的问题。我们要支持实体经济，进一步做大制造业规模，提升制造业附加值，提高制造业发展质量，增强制造业发展的自主能力，使其在一些核心环节上，更多地依靠自己，而不是受制于人。因此，我们要保持制造业比重基本稳定，不断改善制造业发展的环境。在补齐产业链供应链短板，进一步做强长板方面，我们还要下很多功夫。要加快发展现代产业体系，推动经济体系优化升级，以创新推动经济高质量发展。

发展战略性新兴产业。加快壮大新一代信息技术、生物技术、新能源、新材料、高端装备、新能源汽车、绿色环保以及航空航天、海洋装备等产业。推动互联网、大数据、人工智能等与各产业深度融合，推动先进制造业集群发展，构建一批各具特色、优势互补、结构合理的战略性新兴产业增长引擎，培育新技术、新产品、新业态、新模式。

加快发展现代服务业。推动生产性服务业向专业化和价值链高端延伸，推动各类市场主体参与服务供给，加快发展研发设计、现代物流、法律服务等服务业，推动现代服务业同先进制造业、现代农业深度融合，加快推进服务业数字化。推动生活性服务业高品质和多样化升级，加快发展健康、养

老、育幼、文化、旅游、体育、家政、物业等服务业，加强公益性、基础性服务业供给，推进服务业标准化、品牌化建设。

加快数字化发展。数字化是现代经济重要的发展趋势。要发展数字经济，推进数字产业化和产业数字化，推动数字经济和实体经济深度融合，打造具有国际竞争力的数字产业集群。加强数字社会、数字政府建设，提升公共服务、社会治理等数字化智能化水平。建立数据资源产权、交易流通、跨境传输和安全保护等基础制度和标准规范，推动数据资源开发利用。推动基础公共信息数据有序开放，建设国家数据统一共享开放平台。保障国家数据安全，加强个人信息保护。提升全民数字技能，实现信息服务全覆盖。积极参与数字领域国际规则和标准制定。

第五章　发展全过程人民民主

党的二十大报告指出："全过程人民民主是社会主义民主政治的本质属性，是最广泛、最真实、最管用的民主。"全过程人民民主的理论与实践，是党中央推进中国特色社会主义政治发展以及社会主义民主政治建设的最新成果，是中国共产党人对政治发展理论和民主政治理论作出的积极探索和创新发展，是民主在当代中国的具体表现形式。在中华民族伟大复兴的历史性征程中，全过程人民民主内嵌于中国式现代化发展现实进程，贯穿于中国式现代化全面进步伟大实践，是中国式现代化全面实现的政治保证和民主基础。

第一节　人民民主是中国式现代化的应有之义

一、人民民主伴随中国式现代化事业演化发展

建党百余年来，中国共产党团结带领中国人民从站起来、富起来到强起来，书写了中国共产党百年光荣伟大的斗争史、探索史、奋斗史和创新史。经过中国共产党人和中国人民的不懈努力和持续探索，中国人民终于找到了跳出"其兴也勃焉，其亡也忽焉"兴衰治乱历史周期率的新路，那就是民主

之路。只有让人民来监督政府，政府才不会松懈；只有人人起来负责，才不会人亡政息。社会主义的民主之路，是随着中国式现代化事业不断发展和完善的民主之路，是不断保证人民当家作主的民主之路。这条民主之路的最新实践总结和理论概括，就是全过程人民民主的重大理念创新。人民民主是社会主义的生命，是全面建设社会主义现代化国家的应有之义；全过程人民民主是社会主义民主政治的本质属性，是最广泛、最真实、最管用的民主。

中国共产党自成立之初，就始终高举人民民主的伟大旗帜，始终坚持国家富强、民族复兴和人民幸福的初心使命，为中国人民的自由、民主进行了坚持不懈的努力和奋斗。新民主主义革命的胜利，推翻了帝国主义、封建主义和官僚资本主义"三座大山"的统治，为人民当家作主扫清了一切制度障碍；社会主义的伟大建设，为人民当家作主奠定了雄厚的物质基础和制度保障；改革开放的伟大实践，为人民当家作主开拓出广阔的发展空间；新时代中国特色社会主义的全面进步，为全过程人民民主重大理念的提出创造了历史性机遇和坚实的实践基础，也为未来中国式民主的不断发展指明了崭新的前进方向。

二、全过程人民民主是中国式现代化的内在组成

中国式现代化是全面而自由发展的现代化，是经济建设、政治建设、文化建设、社会建设和生态文明建设五位一体的现代化。其中，政治建设的根本任务就是要不断发展社会主义民主政治，不断建设高质量的中国式民主，不断保障人民当家作主各项民主权利落实到位。中国式现代化在新的历史时期，就是要在坚持党的领导、人民当家作主和依法治国有机统一的根本原则下，继续推进全过程人民民主建设，把人民当家作主具体地、现实地体现到党治国理政的政策措施上来，具体地、现实地体现到党和国家机关各个方面各个层级的工作上来，具体地、现实地体现到满足人民对美好生活需求的工作上来。因此，推进全过程人民民主，保证人民当家作主，是中国式现代化各项事业的内在组成部分，也是保证人民参与、人民支持和人民满意中国式现代化各项事业的政治基础。

三、全过程人民民主是中国式现代化的强大动力

人民是历史的创造者，是真正的历史主体，是千秋伟业的力量之源。中国共产党来自于人民，党的根基和血脉在人民。只有坚定地尊重人民的历史主体地位，汇聚人民智慧、集中人民意志、激发人民力量，畅通人民意见的表达渠道，充分调动人民群众参与中国式现代化建设的积极性和创造性，中国式现代化各项事业才能获得源源不断的动力之源。

中国式现代化之所以能够取得举世瞩目的历史性成就，就是因为中国共产党带领中国人民，始终坚持一切为了人民、一切依靠人民、一切发展成果由人民共享。在坚持深化制度和体制改革的基础上，不断完善民主制度，丰富民主形式，开拓民主渠道，加强人民当家作主的制度保障，健全人民当家作主的制度体系，特别是在人民代表大会制度的民主功能建设中，协商民主的广泛、多层、制度化发展，基层直接民主的制度体系和工作体系建设等方面，不断创新民主机制和民主形式，保障人民民主多渠道、多层次的畅通和连贯。同时，在众多的、各个层次的公共事务和公共决策中，坚持在民主选举、民主协商、民主决策、民主管理、民主监督各个环节和领域，推进全链条、全方位、全覆盖民主落实举措，不断拓展全社会各层次人民民主的广度和深度，推动民主政治生活和民主社会生活方式的形成。正是因为不断地坚持全过程人民民主，坚定地保证人民管理国家、管理社会和管理基层生活的各项民主权利，才能使广大人民参与中国式现代化的积极性、主动性和创造性得到空前的激发，当家作主的主人翁精神得到极大的发扬，源源不断地给中国式现代化发展输送强大动力活力，推动中国式现代化迎来一个又一个建设高潮、持续提升进步。

四、全过程人民民主是中国式现代化的政治基础

全过程人民民主是中国式民主的全新概括，是中国式民主的全新道路，是中国政治文明的新形态，通过把全过程人民民主贯彻到党治国理政的战略布局中，落实到国家发展和社会事业的各个领域和各项工作中，为中国式现代化的不断进步提供了坚实的政治基础和政治保障。通过全过程人民民主全链条、全方位、全覆盖的落实实施，确保党和国家在决策、执行、监督、落实各个环节都能听到人民的声音，充分体现人民的意志和利益，充分调动人民群众参与现代化建设的创造活力，为中国式现代化提供了强大的主体力量，推进了中国式现代化事业的全面进步。

全过程人民民主为当代中国的社会主义民主发展、中国人民当家作主并积极参与中国式现代化建设开拓了广阔前景。在中国共产党的坚强统一领导下，在全面建设社会主义现代化国家、全面深化改革、全面依法治国、全面从严治党的战略总方针指引下，中国人民由全过程人民民主的充分实现激发的无限能动性和创造性，一定能够推动中国式现代化的全面进步。在全过程人民民主与中国式现代化的双翼齐飞中，即在中国式民主与中国式现代化的协同共进中，全面推动中国式现代化事业前进，全面推进中华民族伟大复兴，将为人类文明的发展进步、人类命运共同体的构建，贡献更多的中国智慧。

第二节　发展全过程人民民主的现实基础

一、发展全过程人民民主的思想基础

"民主"，源于古希腊，意为"人民的权力"。在众多民主理论和政治体

系中，以"人民性"为核心的民主理论以马克思主义学说为主。马克思主义阐明了国家权力归属、来源和本质等问题，指出了人民在国家发展过程中的重要地位。全过程人民民主坚持以"人民性"为着力点，制衡国家政治权利，最大限度避免国家对社会的异化，实现国家权力主体是人民的重要构想，并落实到国家建设和社会发展中。马克思主义国家理论阐明国家权力问题、民主理论强调人民的重要性，二者为全过程人民民主提供了理论来源。

马克思主义民主观在实践中得出并经受了实践的检验。马克思指出："国家是抽象的东西，只有人民才是具体的东西。"① 马克思主义的民主坚持以人民为中心。列宁进一步指出："民主是国家形式，是国家形态的一种。"② 也就是说，民主是国体和政体的统一。民主和专政对立统一，马克思指出资本主义并未实现真正意义上的民主，"全民民主"只是一个假象。民主具有实践性，在历史发展中产生，同时其也具有阶级性，建立在经济基础之上，同时反作用于经济基础。恩格斯强调："国家无非是一个阶级镇压另一个阶级的机器。"③ 在马克思和恩格斯看来，争得民主、实现共产主义，工人革命首先要夺取政权，推翻反动阶级的统治，使无产阶级成为统治阶级。列宁将民主式国家制度的设想运行于实践中，使理论转变为现实。他认为，民主至关重要，"胜利了的社会主义如果不实行充分的民主，就不能保持它所取得的胜利，并且引导人类走向国家的消亡"。民主的发展也必将维护国家的稳定。由此，"社会主义民主"概念开始出现。

二、发展全过程人民民主的文化基础

中华优秀传统文化源远流长，中国传统文化中的民本思想具有根本性价值原则，全过程人民民主思想扎根于中国社会土壤和历史积淀中。我国传统民本思想起源于夏商周，成熟于春秋战国，并在浩瀚的历史文明中结合社会

① 马克思，恩格斯. 马克思恩格斯全集（第3卷）[M]. 北京：人民出版社，2002：38.
② 马克思，恩格斯. 马克思恩格斯选集（第3卷）[M]. 北京：人民出版社，1995：661-662.
③ 马克思，恩格斯. 马克思恩格斯全集（第22卷）[M]. 北京：人民出版社，1965：229.

形态和时代条件发展、成熟和升华，不断融入民族血脉中，为全过程人民民主提供内容滋养和形式支持。

民本是民主的价值前提，民主是民本的必然趋向，二者互为补充且相互促进。春秋战国属于奴隶社会向封建社会过渡时期，各种思想交锋出现，但在重视民本上具有一致性。老子立足于民与君对立统一，多次提到要重视民众。孔子认为"仁"就是"爱人"，也就是要爱护民众。墨子的民本思想包含平等观念。孟子指明，"民为贵，社稷次之，君为轻"。中国进入封建社会以后，民本思想得到进一步发展。西汉时期，董仲舒主张"德主刑辅"，在指出统治者权利由上天赋予的同时，进一步提出要实行重视和维护民众的措施。唐太宗李世民指出："日所衣食，皆取诸民者也。"宋末元初，思想家邓牧深化了传统的民本思想。明末清初，中国古代民本思想达到新的高度。《明夷待访录·原君》中就记载了黄宗羲"天下为主，君为客"的言论，这显然是民主和平等思想的萌芽。辛亥革命时期民本思想实现了质的飞跃，孙中山先生提出"三民主义"，力求推行一般平民所共有的民主政治。在文化的积淀和思想的延续中，传统民本思想渗透到中国社会的方方面面，全过程人民民主立足于新时代的发展条件，并实现了对传统民本思想的批判继承。

三、发展全过程人民民主的历史基础

民主是无产阶级在发展过程中所追寻的历史使命，十月革命为中国传来了马克思主义，启发出一种全新的民主思想。100多年来，中国共产党高举人民民主旗帜，在革命、建设、改革和新时代发展的历史进程中，探索民主发展道路和制度模式。

新民主主义革命时期，中国共产党革命"中心的本质的东西是争取民主"①。毛泽东较早地提出人民民主概念，认为革命的目的在于建立一个人民民主的共和国。自中共二大在最低纲领中提出要"统一中国为真正的民主共

---

① 毛泽东著作选读（下）[M]. 北京：人民出版社，1986：760.

和国"到《中华苏维埃共和国宪法大纲》规定建设"工人和农民的民主专政的国家",人民民主原则成为党带领人民建设民主政权的重要实践原则。1945年,毛泽东同民主人士黄炎培就跳出历史周期率问题进行著名的"窑洞对",并鲜明指出"我们已经找到路跳出这周期率,这条新路就是民主"①。毛泽东结合革命实践,创造性地提出了人民民主专政概念。新民主主义革命胜利初步显示出中国人民民主政权的中国特色。中华人民共和国成立后制定的第一部宪法确立了中国人民行使当家作主权利的新型政治制度,是对人民民主理论的创新。改革开放以来,人民民主发展步入新时期。邓小平总结历史发展过程中关于民主发展的经验,提出"没有民主就没有社会主义,就没有社会主义的现代化"②,要将其运用于各领域之中,"从制度上保证党和国家政治生活的民主化、经济管理的民主化、整个社会生活的民主化"③,扩大民主所涉及的范围。江泽民指出了民主的关键,即"在中国共产党领导下,包括工人、农民、知识分子在内的全体人民作为主人管理自己的国家,享受广泛的民主权利"。胡锦涛指明了中国特色社会主义政治发展道路,为发展最广泛的人民民主提供指向。新时代,结合社会发展状况和国家建设方向,以习近平同志为核心的党中央在继承人民民主历史发展经验的基础上,坚持人民至上的初心使命,同时加强对人民需求的回应,创造性地提出并践行全过程人民民主,从坚持正确的政治发展道路的原则高度出发,对谋划和推进民主政治建设、发展人民民主提出一系列新理念、新思想和新要求。从"人民民主是中国共产党始终高举的旗帜"的初心坚守到"没有民主就没有中华民族伟大复兴"的高瞻远瞩,从"人民民主是一种全过程民主"的高度提炼概括到实际生活中"发展全过程人民民主"的具体举措,再到党的二十大报告强调"发展全过程人民民主是中国式现代化的本质要求之一",都集中体现了中国共产党基于我国国情和实际发展状况,推进理论创新和实践创新,不断丰富和深化马克思主义民主思想,为新时代人民民主发展指明方向。

---

① 毛泽东著作选读(下)[M]. 北京:人民出版社,1986:223.
② 邓小平文选(第二卷)[M]. 北京:人民出版社,1983:176.
③ 邓小平文选(第三卷)[M]. 北京:人民出版社,1993:221.

四、发展全过程人民民主的制度基础

制度在全过程人民民主的发展过程中发挥着民主资源整合和要素配置的基础性作用，民主功能的实现是民主制度运转的结果。全过程人民民主不是抽象空洞的政治话语，有着坚实的制度支撑。

第一，人民代表大会制度是我国的根本政治制度，体现了国家一切权力属于人民的根本政治原则。1949 年中国人民政治协商会议第一届全体会议通过的《中国人民政治协商会议共同纲领》明确提出在我国实行人民代表大会制度。1954 年颁布的《中华人民共和国宪法》规定了人民代表大会制度的根本内容，以宪法的形式对人民代表大会制度进行了正式确认。人民代表大会制度是全过程人民民主的主要制度载体。第二，中国共产党领导的多党合作和政治协商制度作为我国的基本政治制度，是从中国传统文化中生长出来的新型政党制度。我国新型政党制度坚持以人民的需求为立足点，依靠平等对话、协商交流的方式凝聚共识、解决问题，畅通了人民的利益诉求渠道，有效实现了执政与参政、领导与合作、协商与监督的有机统一，保障了党和政府决策的科学化、民主化。第三，民族区域自治制度作为一项基本政治制度，是有效保障少数民族人民当家作主的重要制度，是完全适合我国国情的解决民族问题的基本制度，是中国这样一个统一多民族国家的正确选择，更是发展全过程人民民主的重要制度依托，符合广大少数民族同胞的共同心愿。第四，基层群众自治制度是我国人民当家做主制度体系的重要组成部分，是发展全过程人民民主的基础性工程。基层群众自治制度能够保障广大人民群众对基层公共事务和公益事业的参与、决策、管理与监督。

第三节 发展全过程人民民主的问题与挑战

一、现代社会的多元化挑战全过程人民民主的包容性

现代社会以工业化和市场化为核心机制，由此产生了社会的利益分化与异质性，需要新的政治管理机制即民主。20世纪80年代前后，通过改革开放和引入市场机制，中国社会的工业化和城镇化持续推进，并随着信息化、全球化和网络化的发展，社会逐渐开始分化。经济社会的巨大变革亟须包容性民主体制融合复杂多元的异质偏好。可以说，社会复杂性是长期演进的结果，不同的社会形态表现出不一样的复杂性程度。从农业社会（简单社会）到工业社会（低度复杂性社会），再到后工业社会（高度复杂性社会），过去具有可预测性和可靠性的秩序，将被充满复杂性和不确定性的秩序所取代。因此，依靠国家或市场单一主体均无法独立有效地提供公共服务及物品，容易导致"政府失败"或"市场失灵"，难以满足复杂的社会发展需要。在此背景下，我们应摆脱执着于追求同一性的惯性思维，承认复杂社会的变动性、偶然性、突发性以及政府治理的有限性。

事实已经证明，全过程人民民主是我国有效应对风险和挑战，有序推进社会变革与国家现代化的政治管理机制。中华人民共和国自成立以来，取得了举世瞩目的巨大成就，社会生活各个方面都发生了翻天覆地的变化，国际地位稳步提升，国家应对和处置风险与危机的能力持续增强。早在2010年中国的国内生产总值就成功超过日本，成为仅次于美国的世界第二大经济体。根据2022年1月17日国家统计局公布的数据，我国城镇化率达到64.72%，居住在城镇的人口为91425万人，人均国内生产总值超过12551美元，稳居中等收入国家之列并向着高收入国家稳步迈进。面对现代化和市场化带来的社会分工

不断细化、利益关系愈发复杂、人口社会流动性变强以及不可预知风险变多等逐渐显露的现实问题，中国共产党始终坚持以人民为中心的科学发展理念，稳步推进全过程人民民主，坚定不移地走中国特色社会主义道路。

二、公共决策的科学性挑战全过程人民民主的技术支撑

公民权利意识的觉醒逐渐影响国家权力，公共政策的制定和公民政治认同氛围的营造以及最大限度地实现人民当家作主都离不开民主技术保障。古希腊便开始以公民大会、五百人议事会和民众法庭等形式按照"少数服从多数"的原则来投票、商议和决定绝大多数公共事务，雅典的公职人员也从参加大会的志愿者中抽签选出。虽然可能存在着萨拉蒙所提出的"志愿失灵"的风险，但雅典民主为人类提供了集体管理的新形式，即建立在法制基础上集差额选举、任期制、议会制、比例代表制于一身的民治运作方式。政治决策不仅关系到国家和社会的发展方向，而且影响社会资源的权威性分配以及社会各政治主体、利益群体的意志表达和利益平衡。以往自上而下动员的决策实施方式已经越来越无法满足多元利益群体日益高涨的政治参与诉求，民主成为当代国家政治社会有效整合的不二选择，也是中华人民共和国的政治底色。"两会"的召开、五年规划和法律草案面向社会公开征求意见以及各项政策制定举行听证会、座谈会、民意调查等公众参与、协商对话的民主过程，都充分表明民主在党和国家的制度与政策制定过程中得到了广泛实践，成为共和国长期稳定的重要政治支柱与治理机制。

总体而言，民主始终是中国共产党和中国政府的价值追求，部分的失误并不代表民主失灵和国家本质的改变。相反，这些阶段性的挫折和失误成为改革开放后推进民主的重要历史资源。特别是当前网络文明成果在我国国家治理中的广泛应用，使来自田间地头和街头巷尾的声音都能借助四通八达的科技网络和民主操作工具自下而上地直抵人民大会堂，体现在国家立法上。科技赋能让人民民主更加"全过程"，在民主技术保障下决策形式更加开放，人民监督更加透明，决策结果更具科学性与合理性。

三、风险防控及处置需要挑战全过程人民民主治理机制

复杂多元的社会也是高风险社会。建立健全发达的民主治理机制，将风险治理置于治国理政的突出位置成为提升国家安全、塑造国家韧性的重要抓手。习近平总书记明确指出，我国发展仍处于并将长期处于重要战略机遇期。联系国际国内大势分析可知，一方面，世界格局加速演变，全球动荡源和风险点持续增多，我国外部环境复杂严峻；另一方面，伴随着经济增速下调，地方性债务、影子银行、房地产等各领域的隐性风险逐步浮现，受就业结构性矛盾以及特大自然灾害等影响，国内社会经济形势不容乐观。国家能力、社会信任和领导力作为国家要素对于危机管控具有重要性和必要性。中国的历史实践可有效证明这一点，如在面对国际金融危机、抗震救灾、疫情防控等风险与危机时，党和政府迅速反应，在全社会广泛形成联防联控工作机制和防范化解重大风险协同机制等民主治理机制，充分发挥各级党委、政府、人民团体、社会组织的作用，与广大人民群众凝心聚力、共克时艰，显示出了超大型国家在民主集中制下的广泛社会动员与风险抵御能力。

历史和现实一再昭示，民主治理是中国这样一个超大型国家塑造自身韧性的最佳机制，对于有效应对国内外风险挑战具有重要价值。从国家治理的角度来看，在多元分化的社会利益、公民政治参与诉求特别是重大风险、重大危机、重大挑战和重大阻碍面前，民主是聚合民意、抵抗危机、遏制风险和克服阻力的一个不可或缺、非常重要的手段。毋庸置疑，一方面，我国作为一个超大型发展中国家，地域广阔、人口众多、区域发展不平衡和异质偏好多元，充分体现出治理的复杂性；另一方面，我国社会主义民主长期受到西方国家傲慢攻击、无端指责以及西式民主"营销"的影响，民主制度面临着被敌对势力恶意攻击和诋毁的挑战。但我国政治的长期稳定及经济社会的繁荣发展充分证明了中国民主制度和发展道路的科学性、可行性和有效性，也证明了全过程人民民主的价值所在。

第四节　发展全过程人民民主的思路与举措

一、人民需求是全过程人民民主的实践起点

全过程人民民主与"民主"密切相关，应坚持以人民为中心的价值导向。"民主"的目的是满足人民的需要，通过民主形式解决人民群众最为关心的现实问题。党的十九大报告指出："人民美好生活需要日益广泛，不仅对物质文化生活提出了更高要求，而且在民主、法治、公平、正义、安全、环境等方面的要求日益增长。"新时代，随着社会经济的发展，人民的思想境界和生活质量显著提高，拓展了人民需求覆盖的范围。人民除物质需求和精神需求外，还包括民主政治等多维度需求，具有多元性。全过程人民民主以回应人民需求为出发点和落脚点，将以人民为中心的价值理念运用在实践中，从源头上夯实民主制度的基础，并对其予以有效贯彻落实。

在回应式民主运行过程中创新民主运作方式，科学把握人民需求。一是搭建与群众沟通的桥梁。政府在制定相关政策与实施相关措施之前，都应当遵循民主原则，广泛听取群众意见，通过多种形式让群众可以反映多元化需求，平等表达个人意愿。二是建立集需求于一体的民主决策程序与机制。中国国家治理复杂性之一在于各族人民基于不同的民族文化，有着不同的利益需求，应将各族人民的需求与社会长期发展目标相衔接，集中各族人民共同意志，了解社会主流民意，更好地回应与协调各族人民的诉求，使回应式民主覆盖全体人民。三是建立高效发展的公共服务体系。针对群众现实需求，提供多样化公共服务，提升人民生活质量，增强人民幸福感和安全感。

二、透明参与是全过程人民民主的实践动力

民主是社会主义的本质属性和内在要求，我国人民民主的发展，以保障和尊重个人权利为前提，强调始终坚持人民当家作主的主体地位。习近平总书记指出，人民只有投票的权利而没有广泛参与的权利，人民只有在投票时被唤醒，投票后就进入休眠期，这样的民主是形式主义的。政治参与不仅是现代社会民主制度赖以存在的基础，而且是民主政治的基本特征。公民有序进行政治参与可使人民意识到个人的重要性，这不仅是全过程人民民主的内在动因，也是国家健康发展的必然要求，有利于实现更高层次的社会稳定。社会主义民主需要完整的制度程序和完整的参与实践，参与主体不仅要全，参与内容也要全。

我国疆域辽阔且人口众多，民主体系需要覆盖全部人民并确保人民持续参与。政治参与的途径与形式随着国家发展不断变化，中国的参与式民主表现为国家层面与社会层面两大民主形式。一是以人民代表大会制度与中国共产党领导的多党合作和政治协商制度两大制度形态为基础，将选举民主和协商民主相结合，五大民主运作形式构成完整的闭环链，使民主参与成为一个有机系统，有效拓展人民民主的宽度和深度，推进中国特色民主政治发展。二是以透明参与为驱动，通过基层群众自治制度，将代表制民主与直接民主有机结合起来，充分发挥两种民主形式各自的功能并形成合力。广泛实行群众自我管理、自我服务、自我教育、自我监督，确保人民当家作主在国家政治生活和人民社会生活中的落实力度更加精准、落实范围更加全面。有机融合国家和社会两个维度的民主，使民主在日常生活中落细落实。增进社会成员与政府之间的互信，形成社会主义民主政治的独特优势，充分体现我国人民民主制度的优越性。

三、民主协商是全过程人民民主的实践形式

矛盾存在于一切事物的发展过程中，现实政治的发展同样存在矛盾。民主协商是有效解决矛盾，促使人民民主实现"全过程"的关键一步。全过程人民民主通过对各方意见进行有效整合提升民主运作效果，彰显我国的制度优势，是中国式民主建设发展的重要战略部署。党的十九大报告强调："加强协商民主制度建设，形成完整的制度程序和参与实践，保证人民在日常生活中有广泛持续深入参与的权利。"无论是宏观层面国家执行相关政策或决定，还是微观层面群众意见的表达，都应当按照规章制度进行，使权力的运用合情、合理、合法，在促进国家和社会发展进步的同时给予人民幸福感，保障人民当家作主，使党的领导、国家治理和社会治理相互协调并有机融通。

协商民主是具有中国特色的，充分反映民意的实践形式，是全过程人民民主的主线。一是人民政协广泛收集群众意见。协商议题高度集中、协商方式理性包容，有助于消除意见分歧，在重大议题上达成共识，实现思想统一，形成协商式民主的社会文化心理，为民主决策的有序运行和预设任务的有效完成奠定坚实基础。二是人民政协作为正式组织参与公共生活发挥合力作用。通过严谨的环节和友好的商谈等方式，让参与者可以深刻体会到自身作为主人翁的感觉，全过程参与民主发展进程，保障人民民主的真实性。

四、民主监督是全过程人民民主的实践保障

现代民主以"人民主权"为基本价值内涵，是国家权力与人民权利交互发展的时代产物，其实质是在具体的社会背景下权利让渡的集合。因此，相对于专制统治等政治形式，现代民主不仅在思想上体现了"主权在民"的进步性，而且在实践中体现了"还权于民"的必要性。权力在运行过程中具有双面性，权力运行廉洁造福人民生活、促进社会发展，权力运行腐败降低人

民生活质量、阻碍社会发展进步。基于此，民主建设过程中要对权力进行制衡，权力由人民赋予，理应由人民进行监督。全过程人民民主注重民主的整体性与全过程性，涉及范围较广，强调多角度对权力运行进行监督，夯实人民行使监督权的基础，进一步监督各项事务的实施，充分保障权利和权力两者间的交换对等关系，确保人民让渡出的权利可以得到最大限度的返还。权力制约一方面可以维护人民的个人权利，另一方面可以维护社会发展的公平正义，推进个人利益与公共利益之间的良性互动，从而回归人民民主的本意，实现人民行使权利的真实性。

中国共产党应遵循社会发展规律，强化对公权力的监督，构建监督新形态。一是民主监督的制度化安排。建立集党纪和国法于一体的监督体系，通过制度进行规范化保障，实现权力之间的相互制衡，防止公共权力异化。二是民主监督的内省化提升。通过思想政治教育和道德教育等，提高政府工作人员的道德准则，多维度加强党的纪律建设，强化政府工作人员的自我约束能力。三是民主监督的动态化调整。多方面收集群众意见，将实际工作与群众反映的问题相结合，综合运用内外监督方法，形成民主监督的有效运行机制，根据具体情况选择相应的监督方式。

第六章　丰富人民精神世界

习近平总书记在党的二十大报告中深刻阐述了中国式现代化五个方面的中国特色，其中一个重要方面就是"中国式现代化是物质文明和精神文明相协调的现代化"。推进中国式现代化不仅需要强大的物质力量，也需要强大的精神力量。物质富足和精神富有相统一，是中国式现代化与西方现代化的重要区别。

第一节　人民精神世界是中国式现代化的文化内涵

人类社会与动物界的最大区别就是人有精神需求。物质生活是人类生活的前提和基础，而精神生活则是人类区别于其他动物的根本特征，即在物质生活的基础上人要追求一种精神性存在，追求真、善、美等精神价值。因此，人在进行物质生产活动、满足自身物质需要的同时，也在塑造自己的精神世界。人的精神世界和精神境界，实际上就是理想信念、价值追求、自主意识、精神状态、道德水平、文明程度和人文情怀等的综合。马克思认为，一个人只有成为全面的人、真正的人，才能"以一种全面的方式，也就是说，作为一个完整的人，占有自己的全面的本质"，① 也就是物质世界和精神世界的高度统一。人的精神生活的丰富充实、精神境界的不断提高，是人全面发展的目标指向之一。

中国式现代化不仅注重物质方面的现代化，更关注人的现代化，体现在人的思想观念、人文精神、能力素质、道德情操、文明素养等全面发展上，体现在始终不断满足人民群众日益增长的精神文化需求上，体现在始终高度重视解决人民群众在精神文化生活领域的突出问题上。习近平总书记在党的二十大上也指出："物质富足、精神富有是社会主义现代化的根本要求。""物质贫困不是社会主义，精神贫乏也不是社会主义。"② 中国式现代化是全体人民共同富裕的现代化，是物质文明和精神文明相协调的现代化，离开精神文明进步片面追求物质文明发展，不是真正的社会主义现代化，不符合社会全面进步的要求。而共同富裕作为社会主义的本质要求和中国式现代化的重要特征，既包括物质生活共同富裕，也涵盖精神生活共同富裕，要求人民群众物质生活和精神生活都富裕。

党的二十大报告把"丰富人民精神世界"作为中国式现代化的本质要求之一。以中国式现代化全面推进中华民族伟大复兴，需要不断满足人民精神文化需求、丰富人民精神世界，以人民精神力量的不断增强汇聚实现中华民族伟大复兴的磅礴伟力。只有人民精神需求不断满足、精神力量不断增强、精神世界不断丰富，人民的主体性和创造性得到充分激发，以中国式现代化全面推进中华民族伟大复兴才有源源不断的精神力量，才能形成团结奋斗的强大凝聚力和向心力。新时代新征程，人民对美好生活的向往愈加强烈，更加渴求高品质的文化生活，迫切需要个性化、时代化的文化供给。文化繁荣是国家强盛的精神标识，精神世界丰富是人民富足的文化呈现。因而人民精神世界是中国式现代化的文化内涵，丰富人民精神世界深刻体现了社会主义的本质要求，亦充分彰显了中国式现代化的中国特色。

---

① 中共中央马克思恩格斯列宁斯大林著作编译局. 马克思恩格斯全集（第42卷）［M］. 北京：人民出版社，1982：123.

② 戴木才. 丰富人民精神世界是中国式现代化的本质要求［J］. 党建，2023（4）：28-30.

第二节　丰富人民精神世界的现实基础

一、丰富的文化资源

习近平总书记在庆祝中国共产党成立95周年大会上的讲话中指出："在5000多年文明发展中孕育的中华优秀传统文化，在党和人民伟大斗争中孕育的革命文化和社会主义先进文化，积淀着中华民族最深层的精神追求，代表着中华民族独特的精神标识。"这三种宝贵的文化资源一脉相承、相互交融，汇成当代中国文化的主流，成为中国特色社会主义文化的三大支柱。

（1）中华优秀传统文化。生生不息、博大精深的中华优秀传统文化，是中华民族的突出优势。中华优秀传统文化丰富的哲学思想、人文精神、教化思想、道德理念等，可以为人们认识和改造世界提供有益启迪，可以为治国理政提供有益启示，也可以为道德建设提供有益启发。毫无疑问，认真挖掘、梳理和弘扬中华优秀传统文化，并对其进行创造性转化、创新性发展，"有利于引导我国人民树立和坚持正确的历史观、民族观、国家观、文化观，增强做中国人的骨气和底气"。中华优秀传统文化所蕴含的独具特色的理念、智慧、气度、神韵，对于当今中国人的道德修养、品格砥砺、志向树立、智慧提升、治国理政，对于树立正确的世界观、人生观、价值观，对于培育和践行社会主义核心价值观，都是十分深厚的精神滋养。

（2）革命文化。激昂向上的革命文化是中国共产党领导的在新民主主义革命的伟大实践中形成的文化。其指导思想是马克思主义理论；宗旨是维护中华民族的尊严和独立；形式是民族风格、民族形式和民族特色；本质是科学的，主张实事求是、理论和实践的统一；对待中国古代文化和外来文化，主张取其精华、去其糟粕。革命文化是坚守理想信念的文化、充满革命激情的文化、歌颂献身精神的文化。在革命文化引领下，无数共产党人前仆后继，用鲜血与生命谱写出中国革命波澜壮阔的乐章，使中华民族挺起了坚强不屈的精神脊梁。

（3）社会主义先进文化。生机勃勃的社会主义先进文化是以马克思主义为指导，面向现代化、面向世界、面向未来的，民族的、科学的、大众的社会主义文化。马克思主义作为揭示人类社会发展规律的科学理论，给中华文化注入了先进的思想内涵，是我国文化建设的根本方针。社会主义先进文化是解放思想、实事求是、坚持真理、反对谬误的文化；是讴歌真善美、抨击假丑恶的文化；是反对封建迷信、倡导科学世界观和方法论的文化。发展社会主义先进文化，必须坚持以马克思列宁主义、毛泽东思想、中国特色社会主义理论体系特别是习近平新时代中国特色社会主义思想为指导，激励人们树立坚定的理想信念、正确的价值追求，弘扬民族精神和时代精神，加强爱国主义、集体主义、社会主义教育，引导人民树立正确的历史观、民族观、国家观、文化观。由此，中国特色社会主义文化的精神高地将不断提升，面向世界时将愈加自信。

二、坚实的文化建设基础

在人民精神世界中，思想理论是根基和灵魂，起着整体奠基和总体统领的作用。在实践过程中，中国共产党人将马克思主义基本原理同中国的革命实践和具体实际相结合，不断坚持和发展马克思主义，不断进行理论创新，产生了一个又一个马克思主义中国化时代化的理论成果，为中国社会主义文化建设和丰富人民精神世界提供了坚实的思想基础。党的十八大以来，我们党在过去经验的基础上继续探索，不断实现理论和实践上的创新突破，以习近平同志为核心的党中央自信自强、守正创新，坚持马克思主义在意识形态领域的指导地位，坚持把马克思主义基本原理同中国具体实际相结合、同中华优秀传统文化相结合，创立习近平新时代中国特色社会主义思想，实现了马克思主义中国化时代化新的飞跃，为中华民族伟大复兴奠定了思想基础，为社会主义文化强国建设提供了精神动力、思想指引和根本遵循。

（1）确立和坚持马克思主义在意识形态领域的指导地位。新时代以来，以习近平同志为核心的党中央准确把握国内外思想文化变动趋势，确立和坚持马克思主义在意识形态领域的指导地位这一关系党和国家事业长远发展、关系我国文化前进方向和发展道路的根本制度，系统规划和全面推进意识形态工作，着力解决意识形态领域党的领导弱化问题，立破并举，对意识形态工作作出了方向性、全局性、根本性的指导和部署，推动我国思想文化领域发生了深刻而巨大的变化。意识形态决定着一个国家、一个政党的性质，决定着举什么旗、走什么路这一根本问题。基于对意识形态工作重要性的深刻认识，以习近平同志为核心的党中央高举中国特色社会主义伟大旗帜，牢牢把握社会主义文化发展方向，巩固马克思主义在意识形态领域的指导地位，持续加强思想政治工作和思想政治教育，不断健全互联网领导和管理体制，意识形态领域向上向好态势不断巩固。这些建设举措使全社会正能量更强劲、主旋律更高昂，凝聚力和向心力极大提升，巩固了全党全国人民共同的理想信念，筑牢了丰富人民精神世界的思想基础。

（2）以社会主义先进文化、革命文化、中华优秀传统文化培根铸魂。新时代以来，以习近平同志为核心的党中央坚持以社会主义核心价值观引领文化建设，以社会主义先进文化、革命文化、中华优秀传统文化培根铸魂，社会主义核心价值观得到充分弘扬，中国特色哲学社会科学学科体系、学术体系、话语体系建设得到长足发展，实现了社会主义文化事业大繁荣、大发展。中华优秀传统文化是中华民族的突出优势，是我们在世界文化激荡中站稳脚跟的根基，必须结合新的时代条件传承和弘扬好。没有高度文化自信、没有文化繁荣兴盛就没有中华民族伟大复兴。习近平总书记高度重视传承弘扬中华优秀传统文化在社会主义文化建设中的重要意义，明确将文化自信纳入中国特色社会主义"四个自信"，提出坚持把马克思主义基本原理同中国具体实际相结合、同中华优秀传统文化相结合，推动中华优秀传统文化创造性转化、创新性发展，中华文脉在新时代得到赓续传承和弘扬光大。在当今中国，中华优秀传统文化日益融入人民的精神生活，转化为新的时代精神，焕发当代价值和时代魅力，成为丰富人民精神世界的重要构成。

（3）以人民为中心的价值取向激发文化创新创造活力。新时代以来，以习近平同志为核心的党中央坚持文化建设以人民为中心的价值取向，尊重人民首创精神，激发人民的文化创新创造活力，文化事业繁荣发展，文化产品硕果累累。我们党牢固树立以人民为中心的发展思想，强调新时代中国特色社会主义文化要把满足人民精神文化需求放在首位，充分满足人民对美好生活的精神文化需求，极大激发了人民群众的文化创造活力。我们党牢固树立以人民为中心的社会主义文化发展方向，一方面让人民参与社会主义文化创造活动，另一方面时刻回应人民群众新需求新期待，让人民群众切身感受到文化繁荣带来的幸福感。习近平总书记强调，要坚定文化自信、把握时代脉搏、聆听时代声音，坚持与时代同步伐、以人民为中心、以精品奉献人民、用明德引领风尚。我国坚持把社会效益放在首位、社会效益和经济效益相统一，深化文化改革，推进文化事业和文化产业全面发展，公共文化服务体系更加健全。这些改革使新时代的文艺园地百花齐放，为人民提供了更多更好的精神食粮，人民群众的文化生活日益丰富多彩，文化建设书写出绚丽灿烂的新篇章。人民文化自信明显增强，文化创新创造活力全面迸发，文化产品供给丰富，文化建设呈现欣欣向荣、蓬勃发展的生动景象。与此同时，我们党坚持以开放包容的态度看待人类一切优秀文明成果，注重中华文化同世界其他文化的交流互鉴，不断推动人类命运共同体的构建，推动中华文明与各国文明美美与共，推动世界文化交流和人类文明进步。

第三节 丰富人民精神世界的思路与举措

一、新时代网络意识形态工作的对策

网络意识形态工作事关全局、责任重大，不单是宣传部门的工作，而是全党的工作。做好网络意识形态工作需要我们在发现问题、总结经验的同时，有更大的担当和作为，要敢于亮剑、善于亮剑。

（1）强化网络内容建设。网络是意识形态工作的战场，做好网络意识形态工作需要有英勇善战的主力军。党的网络宣传部门必须守土有责、守土负责、守土尽责，运用网络技术、网络手段进行有针对性的、灵活多样的舆论引导和思想教育，打造网络意识形态的坚强阵地，形成强势的网络主流舆论。坚持把习近平新时代中国特色社会主义思想作为网络舆论宣传的指导思想，依法加强网络空间治理，强化网络内容建设，做强网上正面宣传，培育积极健康、向上向善的网络文化，用社会主义核心价值观和人类优秀文明成果滋养人心、滋养社会，做到正能量充沛、主旋律高昂，构建风清气正的网络意识形态主阵地。

（2）走好网上群众路线。网络意识形态工作是一场看不见硝烟的思想战，各种论争争夺的对象都是群众。可以说，维护网络意识形态安全是事关民心向背的重大问题，是事关扩大我们党的群众基础的问题。网络上"沉默的大多数"，虽然不发言或少发言，却是以网络为主要的信息获取方式，他们对于网络意识形态争论自有价值判断。因此，我们需要网上网下相配合，坚持以人民为中心的工作原则，使他们更多地感受到社会主义制度的优越性，进而主动自觉地认同社会主义意识形态。

（3）构建综合治理体系。统筹好各部门的资源和力量，从行政职能上理清关系、区分责任，着力构建监管的合力，切实形成党委统一领导、党政齐抓共管、宣传部门组织协调、有关部门和地方分工负责的工作格局，为做好网络意识形态领域工作提供坚强组织保障。同时，还要大力培养一批政治可靠、为党和人民所用的网络舆论"意见领袖"，培养更多代表党和人民立场的名人引导员、"草根"评论员、微博微信"大V"。通过建立广泛的网络爱国统一战线，让网络爱国力量勇于善于积极发声，使各种反党反社会主义的言论没有市场，营造清朗的网络空间。

二、新时代我国文化发展的基本策略

作为一个社会主义大国，我国必须始终坚持文化发展的正确方向，坚守文化社会效益第一的原则，强化文化对全民族的化育功能，使任何一种文化形式都能站在人民的立场上，不忘为人民服务这一初衷。同时，中华文化作为大国文化，必须昂首挺立于世界民族之林，为全人类的文明发展作出贡献。鉴于此，我国的文化发展须从两个方面着手：一是确立中华民族文化的独特创造性，使中华民族文化具有民族特色，宽广的包容性和艰苦奋斗、努力向上的特质；二是不断扩大中华文化的影响力，展现其社会主义文化自由、平等、公平、正义与爱好和平的构建人类命运共同体的性质，成为全世界人民所向往的文化。文化强则国强，文化弱则国衰。

（1）大力发展科技文化，以科技文化推动其他文化的发展。世界上没有哪一个国家的文化发展不以科技文化为基础。当然，这里所说的科技文化并非单纯指科技水平的提高，而是指确立发展科技第一的思想观念和体制、制度等。美国的大众文化之所以在全球文化中占据主流，也是因为美国科技在世界上的领先地位，其文化产品的制作体现了美国先进的科学技术，是美国科技在文化中的扩展与应用。中国强盛时期的文化也具有对外传播能力，这背后同样是科技的支撑。中华文化历史悠久，如何保持中华文化对于世界文化发展的影响力，如何重塑中华文化在世界文化发展史上的辉煌，需要我们进一步发展科学技术，把发展科技作为立国之本，并强化民众科技兴国、实业兴国的思想，在制度上保障科技的发展，消除阻碍科技发展的障碍。

（2）必须对其他文化持辩证批判态度，确保文化发展的正确方向。批判是马克思主义辩证法的基本准则，是辩证法的实质，没有批判，就没有发展。马克思主义文化观认为，文化是对生产方式和经济基础的反映，但文化也是相对独立于经济的，它具有历史的继承性和自身的发展规律。在马克思看来，文化首先是一个社会的意识形态，由社会的经济基础所决定，因此，文化批评的标准应该根据这个基本原则来制定。马克思主义是关于人类解放的学说，是为人类全面自由发展的目标而奋斗的学说。发展社会主义的大众文化，应当考虑人民的全面发展，保证人民的身心健康。随着市场经济的发展以及文化全球化进程的推进，各种文化思潮相继在我国出现，无论是先进的还是落后的，无论是资本主义的还是社会主义的，无论是高雅的还是大众的，不一而足。针对这样一种文化格局，我们必须以马克思主义为指导进行文化批判，剔除那些腐朽的、落后的、资产阶级个人主义的、金钱至上的文化观，以先进文化为导向，建立符合社会主义发展要求的文化体制。同时，必须发挥媒体的监督作用，弘扬优秀传统文化，传播符合社会主义核心价值体系的道德观、价值观。

（3）推进对中华优秀传统文化的挖掘，努力增强民族自豪感。中华文化历史悠久、源远流长，有着强大的感召力和影响力，但中华传统文化在语言表达方面注重意会与领悟，我们应运用现代语汇对其进行系统的表达，使其成为广大人民群众较易接受的文化形态，进而增强人民的民族自豪感，并从中华优秀传统文化中得到镜鉴，形成中华民族独特的历史创造性、民族价值观、艰苦奋斗奋发向上的精神。中国人民艰苦奋斗、自强不息、历经屈辱而不言败，中国共产党领导中国革命与建设的过程就体现了这种伟大的创造精神。我们党从探索社会发展道路到确立中国特色社会主义的目标，无论是在国内的政治、经济、社会、生态、文化建设方面，还是在建立合作共赢的国际关系方面，都取得了一系列举世瞩目的成就，这一切都体现了中华文化伟大的创造性和宽广的包容性。

（4）坚持知识教育与道德教育相融合，文化传承和创新相统一。文化既影响着一个民族的生活方式，也影响着一个民族的价值观，同时也是一种意识形态。价值观和意识形态需要通过教育的手段加以落实，通过教育贯彻落实政治思想，通过教育培育社会主义新人。自古以来，我国的文化教育就秉承知识与道德教育一体化的原则，在实施知识教育的同时，履行道德教育的功能。但是，20世纪90年代中后期以来，我们的知识教育与道德教育有了一定的分离，当下我们须寻找正确的方式使知识教育与道德教育相结合。价值观教育最主要的是内容，其次是教育方式和手段，再次是社会的评价，这三者相结合才能更好地进行价值观教育。教育的内容展现了我们用什么去教育下一代，即用传统文化和现代文化之精华来教育他们，因为文化的精华部分深刻体现了我们的民族价值观，是先进的文化。文化的精华部分不但是千百年来世代传承下来的，也是知识分子经过研究、批判、吸收，运用马克思主义理论和方法辩明的优秀成果。所谓教育方式和手段，就是把知识和道德两者结合起来，在进行知识教育的同时贯彻道德教育。所谓评价，一方面是指通过一定的指标对受教育者进行考核，另一方面是通过社会评价和媒体的肯定和否定，确立正面的道德规范和道德行为。只有通过教育，我们才能真正形成科学的价值观。只有通过教育，才能传承中华优秀传统文化，才能坚持中华文化之根本，才能确立国人的价值观，才能发展中华文化，向全世界推广中华文化。

第七章　实现全体人民共同富裕

习近平总书记在党的二十大报告中阐述了中国式现代化的九个本质要求，实现全体人民共同富裕位列其中，这彰显了中国式现代化的人民性。党的十八大以来，以习近平同志为核心的党中央把逐步实现全体人民共同富裕摆在更加重要的位置上，从脱贫攻坚到乡村振兴，从乡村振兴到收入分配制度改革，再到党的二十大强调中国式现代化是全体人民共同富裕的现代化，可以看到为了不断实现人民对美好生活的向往，实现"全体人民共同富裕"已经成为党在新时期工作的重心，成为新征程推动全面建设社会主义现代化国家的重要环节。

第一节　共同富裕是中国式现代化的根本要求

富裕富强是世界各国追求现代化的重要目标之一，而实现全体人民共同富裕则是中国式现代化的根本要求，也是中国式现代化区别于西方现代化的重要标志。

一、共同富裕是社会主义的本质要求，是马克思主义中国化的重要内容

中国式现代化是社会主义的现代化，共同富裕是社会主义的本质要求。邓小平同志曾经指出："中国搞现代化，只能靠社会主义，不能靠资本主义。"[①] 西方发达国家人均 GDP 为 4.8 万美元，现代化水平很高，但按照马克思主义的基本观点，资本主义社会根本不具备实现共同富裕的可能性，其根本原因在于资本主义私有制和剥削制度的存在。共同富裕是社会主义的本质特征，这是因为它从根本上解决了资本主义自身不可克服的内在矛盾。马克思认为，相比封建社会，资本主义社会虽然创造了财富，取得了成就，发生了前所未有的巨大变革，但资本主义社会的财富创造并没有改善劳动者的地位，"工人变成赤贫者，贫困比人口和财富增长得还要快";[②] 即使资本主义福利社会出现也无法从根本上解决资本主义社会中"生产社会化与资本主义生产资料私有制之间"的矛盾。因此，马克思指出要建立一个更加美好的社会，超越这种异化的社会、改变资本的两极分化，同时在唯物史观和剩余价值论"两大发现"的基础上，揭示了资本主义必然被社会主义代替的人类历史发展规律，并提出"生产将以所有的人富裕为目的"的科学论断。与资本主义不同，社会主义的本质是解放生产力，发展生产力，消灭剥削，消除两极分化，最终达到共同富裕。社会主义社会是人民当家作主的社会，我们实行的社会主义公有制，生产资料归全体人民共同所有，人民既是生产者，也是分配者，既是贡献者，也是受益者，这不仅使中国现代化建设成果具有共享性和公共性，也让全体人民共同富裕有了现实性和必然性。社会主义是中国式现代化和共同富裕的本质属性和政治属性，这是中国式现代化的中国特色，更是区别于西方现代化的重要标志。

---

① 邓小平文选（第三卷）［M］. 北京：人民出版社，1993：229.
② 马克思，恩格斯. 共产党宣言［M］. 上海：上海教育出版社，2020：9.

二、共同富裕是中华民族自古以来的共同期盼，彰显了中国式现代化的根本立场

（1）共同富裕是中华民族自古以来的质朴理想。"尚和合，求大同，奔小康，共富裕"① 是中华民族几千年的文化基因。文化基因决定了我们民族的价值基础，体现了中华儿女几千年的共同期盼。无论是"大同"思想，还是"等贵贱、均贫富"的理念，都反映了共同富裕的诉求。《诗经·大雅·民劳》载："民亦劳止，汔可小康。"孟子曰："七十者衣帛食肉，黎民不饥不寒，然而不王者，未之有也。"我国古籍里有大量有关共同富裕思想的记载，都反映出中国人民对幸福生活、共同富裕的向往和追求。

（2）共同富裕是中国共产党矢志不渝的奋斗目标，是人民至上的集中体现。"江山就是人民，人民就是江山。"② 社会主义现代化是人民至上的现代化，共同富裕是全体人民的共同期盼，中国共产党作为马克思主义政党，以全心全意为人民服务为根本宗旨，共同富裕是其对全体人民作出的郑重承诺。中国共产党成立之初就把为中国人民谋幸福、为中华民族谋复兴的初心使命融进理想信念中，就萌生了"共同富裕"的思想。中国共产党的第一个纲领就明确提出要消灭社会的阶级区分、消灭资本家私有制等，体现了共同富裕的要求。中华人民共和国成立后，毛泽东同志曾提出共同富裕问题，并进行了持续探索。1953 年 12 月 16 日"共同富裕"一词第一次被写入党的重要文件《中国共产党中央委员会关于发展农业生产合作社的决议》中。改革开放以来，邓小平同志总结以往经验教训，强调了共同富裕的实现方式，提出："社会主义的本质是解放生产力，发展生产力，消灭剥削、消除两级分化，最终达到共同富裕。"③ 江泽民同志、胡锦涛同志也分别在不同时期强调

---

① 孔子. 礼记 [M]. 刘波，王川，邓启铜注释. 南京：南京大学出版社，2014：15.
② 党史学习教育动员大会在京召开 习近平发表重要讲话 [EB/OL]. [2021-02-21]. http：//baijiahao. baidu. com/s? id=1692267176195180912&wfr=spider&for=pc.
③ 邓小平文选（第三卷）[M]. 北京：人民出版社，1993：373.

实现共同富裕绝不能动摇和朝着共同富裕的方向稳步前进。党的十八大以来，以习近平同志为核心的党中央把握发展阶段新变化，把共同富裕问题放在了一个更重要的位置上，习近平总书记多次强调共同富裕并提出了更为具体的要求：采取有力措施保障和改善民生，全面建成小康社会，人民群众共享改革发展成果，推动共同富裕迈出坚实的一大步。

中国共产党在百年奋斗历程中始终坚持把人民放在最高位置，始终坚持以人民为中心的根本立场，把全体人民共同富裕作为价值追求，践行初心使命，带领和团结各族人民为实现共同富裕努力奋斗。

三、共同富裕是新时代解决我国社会主要矛盾的重要抓手，是中国式现代化的重要特征

共同富裕是人民群众物质生活和精神生活都富裕，既包括人民群众对美好生活的物质需要，又涵盖人民群众对美好生活的精神需要，凸显的是人民群众的获得感、幸福感、安全感。中国特色社会主义进入新时代，社会主要矛盾转化为人民日益增长的美好生活需要和不平衡不充分发展之间的矛盾，这个转变其实是让群众对于公平性、平等性、平衡性问题更加关注，而共同富裕是人民对美好生活需要的重要内容。在新时代我们要解决主要矛盾就要聚焦于与不平衡相关的一系列问题，解决我们国家在发展中出现的效率与公平、民生与经济等问题，所以在全面建成小康社会的目标实现之后，鲜明地提出共同富裕的接续奋斗目标，围绕共同富裕目标推进各项工作，既能更加充分地解放和发展生产力，也能更有效、更直接地回应人民群众的关切、满足人民对美好生活的需要，这不仅符合社会发展规律，也能更好地解决新时代社会的主要矛盾，满足人民群众物质生活和精神生活需要，建设具有中国特色的现代化国家。

第二节 实现全体人民共同富裕的现实基础

进入新时代，中国特色社会主义事业取得了丰硕的现实成果，实现全体人民共同富裕已经具备更为有力的思想指导、坚实的物质基础、必要的支撑保障和重要的经验条件。

一、习近平新时代中国特色社会主义思想为共同富裕提供了有力的思想指导

习近平总书记在多次会议讲话和多篇文章中对共同富裕进行了全面系统的阐述。2021年8月，习近平总书记在中央财经委员会第十次会议上强调："共同富裕是社会主义的本质要求，是中国式现代化的重要特征，要坚持以人民为中心的发展思想，在高质量发展中促进共同富裕。"2021年10月，习近平总书记在《求是》杂志上发表重要文章《扎实推动共同富裕》，指出"现在，已经到了扎实推动共同富裕的历史阶段"，同时要求"抓紧制定促进共同富裕行动纲要，提出科学可行、符合国情的指标体系和考核评估办法"。针对共同富裕的历史必然性，习近平总书记强调："消除贫困、改善民生、实现共同富裕，是社会主义的本质要求。"针对共同富裕的实现路径，习近平总书记指出，要实现共同富裕，首先要实现精准脱贫，消除绝对贫困，全国人民一起迈入小康社会，这是实现共同富裕的基础。习近平总书记又详细阐述了共同富裕的本质内涵、重要意义和实现路径，指出"共同富裕是全体人民共同富裕，强调人民性，立足中国国情，结合了历史发展规律"。习近平新时代中国特色社会主义思想中关于共同富裕的论述，是马克思主义共同富裕思想中国化的理论成果，为实现全体人民的共同富裕提供了有力的思想指导。

二、经济社会的持续发展为共同富裕提供了坚实的物质基础

当前,中国已成为世界第二大经济体,国内生产总值从 1952 年的 679 亿元上涨到 2022 年的 121 万亿元,按年平均汇率折算,中国经济总量达 18 万亿美元,稳居世界第二位。2022 年人均 GDP 按年平均汇率折算达 12741 美元,继续保持在 1.2 万美元以上;城镇化率为 65.22%,全国居民人均可支配收入比 2021 年实际增长 2.9%,与经济增长基本同步,全国基本养老、失业、工伤保险参保人数分别比 2021 年末增加 2430 万人、849 万人、825 万人,民生福祉持续增进。截至 2022 年 11 月,中等收入群体超过 4 亿人,形成了全球规模最大、最具成长性的中等收入群体。2022 年全国规模以上高技术制造业增加值比 2021 年增长 7.4%,高技术产业投资增长 18.9%;2022 年货物进出口总额首次突破 40 万亿元大关,达到 42.1 万亿元,实际使用外资按可比口径比 2021 年增长 6.3%,① 中国在世界经济体量排名靠前的主要经济体中增速领先,经济总量持续扩大,新动能持续增强,高水平开放不断拓展,引资规模再创新高,发展基础更加坚实,综合国力进一步增强,这为我们实现全体人民共同富裕和朝着第二个百年奋斗目标奋进奠定了坚实的物质基础。

三、不断完善的基础设施和日渐成熟的社会主义市场经济体制为共同富裕提供了必要的支撑保障

基础设施是国民经济和社会发展的基石,是社会又好又快发展的牢固基础。中华人民共和国成立后,我国基础产业发展能力明显增强,基础设施明显改善。一方面,农业、能源、原材料供给能力显著提升;另一方面,交通、教育、文化、卫生、体育等各方面基础设施建设不断完善,特别是农村贫困地区的生活基础设施不断完善,公路和铁路新增里程显著增加,电网覆

① 数读中国这十年 | GDP 十年翻番 我国经济实力实现历史性跃升 [EB/OL]. [2023-12-15]. http://baijiahao.baidu.com/s? id=1785310788418798664&wfr=spider&for=pc.

盖率和供电可靠率明显提升，光纤通达率和网络覆盖率不断上升。从现实来看，完善的基础设施建设和不断提高的服务水平为实现全体人民共同富裕提供了有力支撑。

社会主义市场经济体制是推动生产力发展最有效的经济形式，强调"发挥市场在资源配置中的决定性作用，更好地发挥政府作用"，主张以市场经济为发展手段，达到解放和发展生产力，最终实现共同富裕的目的。社会主义市场经济秩序的建立和维护要求市场参与主体具有平等的地位和机会，并且市场交易过程按照自由竞争、公平参与的规则运行，这为共同富裕的实现提供了有利条件。在公共服务、国家安全、基础设施等一般性竞争之外的领域，需要发挥政府的指导性作用，确保社会主义市场经济规范运行，并能成为大多数人谋福利的手段，日渐成熟的社会主义市场经济体制为实现全体人民共同富裕提供了必要保障。

四、脱贫攻坚的重大胜利为共同富裕提供了重要的经验条件

在现代化建设进程中，乡村是短板，贫困人口的生活改善是实现共同富裕的关键一环。党的十八大以来，以习近平同志为核心的党中央团结和带领人民把脱贫攻坚摆在治国理政的突出位置，组织实施了人类历史上规模最大、力度最强的脱贫攻坚战，经过8年的努力奋斗，如期实现了脱贫攻坚目标，实现了现行标准下的全面脱贫，实现了中国历史进程中的一项伟大壮举，开启了全面推进乡村振兴、加快农业农村现代化进程。从制度体系看，在脱贫攻坚实践过程中形成的中国特色反贫困理论、"五个一批"脱贫方略、"四个不摘"政策等方法策略，不仅系统阐释了解决贫困难题所需的基本理念、制度保证、社会基础以及路径方略，还形成了一套行之有效的政策体系、工作体系和制度体系，为推进全体人民共同富裕凝聚了共识，提供了宝贵的经验、方法和可持续的政策保障。

从具体数据来看，农村居民人均可支配收入从2013年的6079元增长到2020年的12588元，年均增长11.6%，高于GDP的增速，2021年达到

18931 元；2022 年农民人均可支配收入迈上 2 万元大台阶，达到 20133 元，全年脱贫劳动力务工就业规模 3278 万人，超过年度目标任务 259 万人，产业就业带动力增强，[①] 脱贫攻坚成果持续巩固；农村消费成为消费提升最快的板块，让边远地区和欠发达地区成为农村消费提升最大的板块。脱贫攻坚战的圆满胜利消除了绝对贫困，证明通过扶贫可以启动内需，促进内循环发展，激发大众创业、万众创新，为下一步解决相对贫困，实现全体人民共同富裕提供了更好的发展条件。

第三节 实现全体人民共同富裕的问题与挑战

我们要清醒地看到，目前虽然我们具有良好的实现全体人民共同富裕的现实基础，但实现全体人民共同富裕接下来需要解决的问题困难多、面临的挑战难度大，涵盖收入分配、区域发展、基本公共服务、经济增长、人口老龄化、人的全面发展等各个方面，既有全球性难题，也有国内实际问题，主要集中在以下几个方面。

一、居民收入差距仍处于较高水平

要实现全体人民共同富裕就必须正确认识和处理效率与公平、增长与共享的关系，而收入分配是当前影响共同富裕的一个关键性问题。过去几十年全球重视增长和效率、忽视分配和公平，全球贫富差距拉大，不平等问题加剧。改革开放 40 多年来，我国经济的快速发展为提高国民收入创造了重要条件，日益完善的分配制度为缩小收入差距提供了制度保障，特别是脱贫攻坚战略的实施，让我国收入的整体差距有所缩小，但仍然处于较高水平，具

---

① 人民论坛网评｜摆脱贫困彰显百年大党之功［N］. 天眼新闻，2021-04-08.

体体现为：

（1）基尼系数仍处于较高水平。基尼系数是国际上用来衡量一个国家或地区居民收入差距的常用指标，我国基尼系数长期以来维持在0.4的警戒线以上，面临较为明显的收入分配不公平局面。从国家统计局数据来看，自2000年开始我国基尼系数超过0.4的警戒线并逐年上升，2008年达到0.49，之后我国通过采取加大财政转移支付、加强税收调节等一系列措施，在一定程度上扭转了居民收入差距扩大的趋势，2019年基尼系数下降到0.465，但2020年又上升到0.468，2021年为0.466。世界银行的数据显示，2022年我国基尼系数上升至0.47。总体来看，2016~2022年我国基尼系数都在0.46~0.47这样一个高水平徘徊，这对实现共同富裕提出了更大挑战。

（2）高低收入比有所升高，中等收入群体规模仍然不大。国家统计局公布的数据显示，按全国居民五等分收入分组，2021年，20%高收入组家庭人均可支配收入85835.8元，较20%中间收入组家庭的29053.3元高出56782.5元，比20%低收入组家庭的8332.8元高出77503元，较2020年同等收入组的收入明显增加（见表7-1）。从高收入（前20%）和低收入（后20%）群体的可支配收入之比来看，2020年低收入组人均可支配收入与高收入组人均可支配收入的比为10.20，2021年则为10.30，比例升高。2015~2021年中国居民收入五等分分组中高收入组与中间收入组、低收入组的人均可支配收入的差距在逐步拉大。同时，虽然我国中等收入群体已超过4亿人，约占总人口的30%，但与欧美地区的发达国家相比，我国中等收入群体的规模仍然不大，中等收入群体相对比重较低、收入水平不高，这给实现全体人民共同富裕带来新的挑战。

表7-1　2015~2021年全国居民收入五等分分组的人均可支配收入

单位：元

组别 ＼ 年份	2015	2016	2017	2018	2019	2020	2021
20%低收入组家庭人均可支配收入	5221.2	5528.7	5958.4	6440.5	7380.4	7868.8	8332.8

续表

组别 ＼ 年份	2015	2016	2017	2018	2019	2020	2021
20%中间偏下收入组家庭人均可支配收入	11894.0	12898.9	13842.8	14360.5	15777.0	16442.7	18445.5
20%中间收入组家庭人均可支配收入	19320.1	20924.4	22495.3	23188.9	25034.7	26248.9	29053.3
20%中间偏上收入组家庭人均可支配收入	29437.6	31990.4	34546.8	36471.4	39230.5	41171.7	44948.9
20%高收入组家庭人均可支配收入	54543.5	59259.5	64934.0	70639.5	76400.7	80293.8	85835.8

（3）居民收入仍以工资性收入为主，行业间工资差距显著。根据国家统计局城乡一体化居民收入与支出年度调研数据，中国居民的收入仍以工资性收入为主，经营、财产以及转移净收入等占比仍然偏低。2013～2020年，中国居民工资性收入的占比在逐渐下降，财产性与工资性收入占比持续攀升，从2013年的13.7%升至2020年的15.58%。《中国统计年鉴2022》的数据显示，2021年全国居民（可支配收入中）工资性收入为19629.4元，财产净收入为3075.5元，财产性与工资性收入比为15.67%，较2020年略有上升，但仍以工资性收入为主，且我国居民收入水平受行业和职业的影响较大，虽然不同行业城镇就业人员的平均工资水平整体保持上升趋势，但行业之间工资水平差距明显。

二、城乡发展不平衡问题明显

城乡是我们特有的经济现象，城乡地区发展差距长期处于高位是实现全体人民共同富裕面临的重大挑战。

一方面，城乡收入差异仍然较大。虽然随着改革开放的深入推进、脱贫攻坚战的圆满胜利，我国城乡居民收入都在不断提高，但城乡收入差距问题仍然比较突出。以收入比来看，根据国家统计局数据，2022年全国城镇居民人均可支配收入 49283 元，农村居民人均可支配收入 20133 元，城乡居民人均可支配收入比是 2.4 : 1，虽比 2021 明显缩小，但与其他国家相比差距仍然较大，如英国、加拿大的城乡收入比接近 1。此外，从城乡差距对全国收入差距的贡献程度来看，我国城乡差距的贡献占到了 27% 左右，而瑞士、芬兰等国的贡献份额不到 10%，可以说城乡收入差距是发展不平衡不充分的重要表现之一。城乡收入差距较大不仅会造成乡村劳动力流失、乡村空心化等问题，还不利于国民经济平稳可持续发展，给实现全体人民共同富裕增加了难度。

另一方面，城乡公共领域差距明显。虽然近几年农村基础设施不断完善、整体面貌发生了巨大变化，但相比城市来说，教育、医疗等公共服务领域仍然存在较大差距。以医疗为例，2022 年末，全国共有医疗卫生机构床位 975 万张，其中医院 766 万张，占医疗卫生机构床位的 78.6%；乡镇卫生院 145 万张，占医疗卫生机构床位的 14.9%。在信息化基础设施建设和智能化设备普及方面也存在差异，农村老年人数字鸿沟问题就是我们实现共同富裕和推进现代化进程必须解决的问题。要推动共同富裕就要在教育、医疗等公共领域向农村进一步倾斜，助力城乡同步发展。

三、区域发展不协调问题仍然存在

就 31 省份 2022 年地区生产总值来看，广东、江苏、山东和浙江四个东南沿海省份分别以 129118.58 亿元、122875.6 亿元、87435 亿元和 77715 亿元排名前四，河南、四川和湖北三个中西部省份以 61345.05 亿元、56749.8 亿元和 53734.92 亿元分列第五、六、七位，西藏、青海、宁夏等西北地区仍然排在末尾，呈现东南地区经济实力最强，中部和部分西部地区次之，东北和少数西部地区排名靠后的局面。

以人均可支配收入看区域差异更为明显。就 2022 年全国各省份居民人均可支配收入数据看，上海市（7.76 万元）、北京市（7.74 万元）的居民人均可支配收入超过 7 万元，12 个地区的居民人均可支配收入不足 3 万元，

最低的是甘肃省，为 2.33 万元，上海市的人均可支配收入是甘肃省的 3.33
倍。不同地区发展的不平衡不协调，使区域差距较大，而过大的区域差距会
导致各种生产要素在区域之间进行过度无序的流动，提升生产成本，为实现
共同富裕带来新的阻碍。

第四节　实现全体人民共同富裕的思路与举措

实现共同富裕是一项系统性工程，党的二十大确立了全面建设社会主义
现代化国家的宏伟蓝图，为实现全体人民共同富裕进行了安排部署，要求按
照路线图，在深刻把握现实基础上，立足新阶段，面对新挑战，扎实推动共
同富裕行稳致远。

一、坚持党的领导坚定不移走中国特色社会主义道路

促进全体人民共同富裕包括经济建设、政治建设、文化建设、社会建
设等各个方面，是一项系统性工程，只有调动全体人民的积极性和创造
性，才有可能实现。中国特色社会主义道路是实现共同富裕的根本制度
保证。

第一，坚持党的全面领导。党的百年奋斗历程证明党的领导是实现共同
富裕的政治和组织保证。要充分发挥党所具有的强大组织力和行动力，把实
现全体人民共同富裕的期盼转化为具体方针政策并使之得到贯彻落实，通过
党的领导保证相关政策的整体性和连续性，对经济社会发展工作进行顶层设
计、总体布局、统筹协调、整体推进，构建关于共同富裕的战略安排和政策
体系，加强党和国家与人民的凝聚力和战斗力，为共同富裕道路的行稳致远
奠定政治基础，全面、持续推动共同富裕。第二，坚持以人民为中心。要坚
守人民当家作主的政治地位，激发人民群众在经济社会发展中的主人翁精

神，发挥人民群众的积极性创造性，使其成为推进共同富裕的主力军。制定方针政策时要始终把人民的根本利益放到第一位，做到发展由人民推动，发展成果由人民共享，在共同发展中实现共同富裕。第三，坚持循序渐进。要对共同富裕的长期性、艰巨性、复杂性有充分估计，鼓励各地因地制宜探索有效路径，总结经验，逐步推开，一步一步走、一件事一件事办，把短板补齐、把基础打牢。

二、坚持高质量发展，在更平衡更充分的发展中促进共同富裕

发展是实现共同富裕的根基，高质量发展是全面建设社会主义现代化国家的首要任务。要实现全体人民共同富裕，首先要通过以更平衡更充分的高质量发展促进经济增长，解决"蛋糕"如何做大的问题。推进高质量发展，必须完整、准确、全面贯彻新发展理念，落实创新驱动发展等一系列战略部署；坚持系统分析观念，系统分析经济、社会、环境、文化、生态、行政体制等各个方面；发挥财政政策的积极作用，支持欠发达地区转移支付，既包括政府纵向转移支付，也包括发达地区向欠发达地区的横向转移支付等；各省份要将推动共同富裕同本地的经济社会发展相融合，以此提高本地发展协调性，在高质量发展中扎实推进共同富裕。

三、进一步构建有序合理、效率公平的收入分配体系

合理公平地进行收入分配是共同富裕的根本之所在。我们要正确处理效率和公平的关系，进一步深化收入分配制度改革。要坚持按劳分配为主体、多种分配方式并存的方式，构建初次分配、再分配、第三次分配协调配套的基础性制度安排，逐步健全收入再分配机制，加大税收、社保、转移支付等调节力度并提高精准性；增加低收入群体收入，抓住重点、精准施策，推动更多低收入人群迈入中等收入行列，着力扩大中等收入群体规模，合理调节高收入，取缔非法收入；促进有能力的农业转移人口有序实现市民化，推动

城乡劳动者平等就业、同工同酬，实现居民收入增长和经济增长同步、劳动报酬提高和劳动生产率提高同步；提高劳动报酬在初次分配中的比重，促进三次分配领域政策有效衔接，构建橄榄型分配结构，让人民能够共享改革发展成果。要建立科学的公共政策体系，促进基本公共服务均等化。注重公共政策的基础性、公平性、普惠性、兜底性，从增加公共服务投入、提高公共服务效率入手，健全分层分类的社会救助体系，完善社会福利制度。要在创新供给方式，增加公共服务供给主体，全面提高服务供给方便及水平方面下功夫，解决好和人民群众切身利益相关的教育、医疗、养老等基本社会保障问题，实现基本公共设施和公共服务均等化，在可持续发展中逐步实现共同富裕。

四、深化市场体系与行政管理体制改革，切实保障人民平等参与、平等发展权利

建立公正、有序、竞争、高效的市场体系，确保各类市场主体公平参与市场活动。加快推进产权制度的法治化，健全市场准入负面清单制度，全面落实"全国一张清单"管理模式。清理和废止一切有碍统一开放、公平竞争的部门、地区规章，建立公平开放的市场规则。推动市场监管透明化，以"包容、审慎"的原则促进新产业、新技术、新业态、新模式发展。加快国有企业改革，支持民营经济与中小企业发展，构建大中小企业共生共享的产业生态体系。推进政府数据开放共享，加强数据资源整合和安全保护。全面深化行政管理体制改革，以开放性架构、社会机制、市场机制吸纳社会力量，大力拓宽社会组织和公众参与社会治理的渠道，形成多层次、纵向贯通的多元共治结构。进一步打破部门界限、体制壁垒和条块分割，稳步推进多领域、多系统社会治理网络或平台的兼容与合并，统筹开展各类社会治理资源的集约化再配置、系统化再整合。推动社会治理重心与社会治理资源下沉到基层，有序引导群众自治，协调凝聚整合多方资源和力量，实现民事民来议、民来办。创新社会矛盾预防预警机制，注

重源头治理，充分运用大数据、互联网等信息技术，分析研判引发矛盾纠纷的源头性、关键性、基础性问题，及时预防化解。完善社会调查制度、听证会制度、协商谈判制度、信访制度和信息公开制度等，保证利益表达的有效性，使各个利益主体的利益诉求能够通过正当、规范的渠道进入公共决策过程。

五、完善劳动保护与公共就业服务制度，着力促进就业机会公平

深化户籍制度改革，尽快解决社会保险关系的转移接续问题，破除阻碍劳动力在不同地区、行业、职业、岗位之间流动的制度因素。清除公共部门在选人、用人制度上存在的不规范行为，解决同工不同酬等问题。加强反歧视法律法规对劳动者的保障作用。加大职业教育与培训力度，提升劳动者适应技术进步和产业升级的素质能力。加大终身教育等人力资源开发投资力度，探索制定新的劳动基准，保障劳动者基本权益，促进新就业形态的健康发展。拓展公共就业服务内容和服务方式，提升服务的针对性，更多采用政府购买服务等形式，吸引社会力量参与提供公共就业服务，不断提升就业信息服务、职业介绍、职业指导、创业指导、人事档案管理、就业见习、就业援助、职业技能培训和鉴定等领域个性化服务供给的质量。加强公共就业服务效果的综合评估，取缔单纯以服务人次数进行补贴的做法，鼓励支持用人单位参与就业服务内容和服务方式的效果评估。

六、深化教育体制改革，着力促进教育公平与社会人力资本积累

推进基本公共教育均等化，增强职业技术教育适应性，提高高等教育质量，构建高质量教育支撑体系。优化教育资源配置，补齐教育短板，进一步

推进教育公平。鼓励各地因地制宜、科学规划布局，多渠道挖潜增量，加大政策扶持力度，扩大普惠性幼儿园供给和覆盖率。加快城镇学校扩容增位，改善乡村小规模学校和乡镇寄宿制学校条件，实现县域城乡义务教育一体化发展。通过乡村教师支持计划加强农村教师队伍建设。加快普及高中阶段教育，加强对农村地区的教育经费保障，保障更多适龄青少年接受高中阶段教育，完善进城务工人员随迁子女在当地参加高中阶段学校考试招生的政策措施。推动学前教育、普通高中教育向普及、均衡方向发展，适时纳入义务教育免费范围。以信息化手段扩大优质教育资源覆盖面，补齐农村地区教学数字化发展在资源、师资、硬件等方面的短板，推进优质资源共建共享，以教育信息化带动教育现代化。优化创新型、复合型、应用型和技术技能型人才培养机制，进一步提升教育质量。扩大中等职业教育国家助学金支持范围，支持有条件的地区率先探索免费职业教育。深化产教融合、校企合作，深入推进育人方式、办学模式、管理体制、保障机制改革，实现教育链、人才链与创新链、产业链的有效衔接，加快构建现代职业教育体系。调整优化区域高等教育资源布局，推进部分普通本科高校向应用型高校转变。抓住标准、专业、课堂、师资等关键环节，推进科教协同、产教协同、医教协同、部委协同等模式，实现人才培养与经济社会发展紧密结合，通过"双一流"建设、拔尖创新人才计划、协同创新平台建设等渠道，使高等教育人才培养、科学研究在点上取得突破，带动高等教育质量整体提升。

七、构建更加公平、更可持续的多层次社会保障体系，逐步缩小社会保障待遇差距

加大社会保障调节力度，逐步缩小城乡、区域、人群差距，增强社会保障待遇和服务的公平性、可及性，充分发挥社会保障在改善收入和财富分配格局中的调节作用。针对性调整社会保障的制度设计，引入个人和家庭收入标准，降低过高保障水平，提升低收入群体保障待遇，扭转收入越高保障越

充分的"逆向保障"现象。健全社会保障制度，降低参保门槛，不断扩大社会保障覆盖面，将农民工、灵活就业人员等新型就业形态人员纳入保障水平更高的职工社保体系。改革完善社会保险衔接转续、异地直接结算等制度要件，提高制度吸引力，通过强化投资增值、划拨国资充实基金、加大财政补贴等手段，提升社保基金的可持续性。制定实施城乡居民基础养老金标准常态化调整机制，逐步提高城乡居民基础养老金水平，逐步提升城乡居民医疗保险保障水平，缩小城乡居民同城镇职工社会保险待遇之间的差距，为大龄劳动者就业创造有利的制度环境，形成多元老年经济保障。提升社会保险统筹层次，实现更大范围内的共济互助，加快实现基本养老保险全国统筹，逐步推进失业保险、工伤保险的省级统筹，进一步提升医疗保险的统筹层次。优化社会救助制度，构建适应新形势的社会救助体系，完善兜底保障标准动态调整机制，加快缩小社会救助的城乡标准差异，逐步实现社会救助在常住地申领，促使居民更加方便、更为公平地接受社会救助，逐步消除户籍等要素带来的群体差异。

八、加强社会主义精神文明建设，厚植共同富裕理念

加强社会主义精神文明建设，推动形成适应新时代要求的思想观念、精神面貌、文明风尚、行为规范，不断增强人民精神力量，厚植共同富裕理念。推动理想信念教育常态化制度化，持续开展中国特色社会主义和中国梦宣传教育，加强爱国主义、集体主义、社会主义教育，弘扬党和人民在各个历史时期形成的伟大精神。完善弘扬社会主义核心价值观的法律政策体系，把社会主义核心价值观要求融入法治建设和社会治理，贯穿国民教育、精神文明创建等全过程。深入实施马克思主义理论研究和建设工程，发展中国特色哲学社会科学，加快构建具有中国特色的哲学社会科学学科体系、学术体系和话语体系。传承弘扬中华优秀传统文化，推动中华优秀传统文化创造性转化、创新性发展，继承革命文化，发展社会主义先进文化，健全非物质文化遗产保护传承体系，加强各民族优秀传统手工艺保护和传承。持续提升公

民文明素养，深入推进公民道德建设、志愿服务建设、诚信社会建设、网络文明建设，推动文明单位创建规范化、制度化，全面提高社会文明程度。加强对外文化交流和多层次文明对话，创新推进文化国际传播，利用网上网下，讲好中国故事，传播好中国声音，提高中华文化在国际上的影响力和传播力。

第八章 促进人与自然和谐共生

中国式现代化，是中国共产党领导的社会主义现代化，既有各国现代化的共同特征，又有基于自己国情的中国特色，其中之一就是人与自然和谐共生。在中国式现代化推进过程中，人与自然和谐共生是我们独立选择的绿色发展道路，更是全面建设社会主义现代化强国的历史使命。习近平总书记在党的二十大报告中总结了新时期我国生态文明建设所发生的历史性、转折性、全局性变化，赋予了人与自然和谐共生现代化新的时代意义。

第一节 人与自然和谐共生是中国式现代化的内在规定

一、人与自然和谐共生以人民为中心

以人民为中心，就是要坚持人民的主体地位，始终做到发展为了人民、发展依靠人民、发展成果由人民共享，维护人民根本利益，增进民生福祉，不断实现人民对美好生活的向往。人与自然和谐共生的现代化，其落脚点是现代化，人与自然的和谐共生是现代化的限定性条件，也就是说，在这个过

程中，现代化是目的和结果，人与自然和谐共生是条件和前提，人与自然和谐共生的程度决定了现代化程度的高低，只有基于人与自然和谐共生的现代化才是真正的现代化，才是我们所追求的现代化。

二、人与自然和谐共生是全面建设社会主义现代化国家的重要内容

"十四五"时期是我国在全面建成小康社会、实现第一个百年奋斗目标之后，乘势而上开启全面建设社会主义现代化国家新征程、向第二个百年奋斗目标进军的第一个五年。尤其是提出"到本世纪中叶把我国建成富强民主文明和谐美丽的社会主义现代化强国"，① 顺应了站起来、富起来到强起来的历史发展趋势。换言之，只有建设人与自然和谐共生的现代化，努力建成美丽中国，才能实现整体性的现代化。

三、人与自然和谐共生要求贯彻新发展理念，坚持高质量发展

建设人与自然和谐共生的现代化需要大力推进绿色发展。发展是我们推进现代化进程乃至解决其他问题的物质基础。人与自然和谐共生对发展提出了更高的生态要求，必须摒弃以牺牲生态环境为代价的发展。党的十九届五中全会确定"十四五"时期经济社会发展要以推动高质量发展为主题，这就要求我们，新时代新阶段的发展必须贯彻新发展理念，必须是高质量发展。

---

① 习近平．决胜全面建成小康社会　夺取新时代中国特色社会主义伟大胜利——在中国共产党第十九次全国代表大会上的报告［EB/OL］．［2017-10-27］．https：//www.gov.cn/zhuanti/2017-10/27/content_ 5234876. htm, 2017-10-27/2024-05-29.

第二节 促进人与自然和谐共生的现实基础

党的十八大以来，以习近平同志为核心的党中央以前所未有的力度推动绿色发展，加快生态文明建设，开展了一系列根本性、开创性、长远性工作，在实现经济快速发展和社会长期稳定的同时，取得了举世瞩目的绿色发展奇迹。党的二十大报告对新时代十年绿色发展和生态文明建设成就进行了高度概括："我们坚持绿水青山就是金山银山的理念，坚持山水林田湖草沙一体化保护和系统治理，全方位、全地域、全过程加强生态环境保护，生态文明制度体系更加健全，污染防治攻坚向纵深推进，绿色、循环、低碳发展迈出坚实步伐，生态环境保护发生历史性、转折性、全局性变化，我们的祖国天更蓝、山更绿、水更清。"

一、生态文明战略地位实现历史性提升

在习近平生态文明思想指导下，我们坚持"绿水青山就是金山银山"，全面加强党对生态文明建设的领导，大力推动生态文明理论创新、实践创新、制度创新，人与自然和谐共生的现代化谋篇布局更加成熟。尤其是坚持把生态文明建设摆在全局工作更加突出的位置：在"五位一体"总体布局中，生态文明建设占据一位；在新时代坚持和发展中国特色社会主义的基本方略中，坚持人与自然和谐共生是其中一条；在新发展理念中，绿色发展是一大理念；在三大攻坚战中，污染防治是一大攻坚战；在到本世纪中叶建成社会主义现代化强国目标中，美丽中国是其中一个；在中国式现代化的五大特征中，人与自然和谐共生是其中之一。这"六个一"的战略布局大大提升了生态文明建设的系统性、整体性和全局性，为实现绿色发展奇迹提供了根本保障，为促进人与自然和谐共生奠定了坚实基础。

二、生态文明制度和法治体系日趋完善

制度和法治的重要性是由其根本性、全局性、稳定性和长期性决定的。我国坚持和完善生态文明制度体系，不断筑牢夯实建设美丽中国的制度根基。2015 年 4 月，中共中央、国务院印发《关于加快推进生态文明建设的意见》，明确"以健全生态文明制度体系为重点"加快建设美丽中国，源头严防、过程严管、后果严惩的基础制度框架初步建立。2015 年 9 月，《生态文明体制改革总体方案》印发，明确建立由八项制度构成的产权清晰、多元参与、激励与约束并重、系统完整的生态文明制度体系。党的十九届四中全会对坚持和完善生态文明制度体系、促进人与自然和谐共生作出一系列重大部署，要求实行最严格的生态环境保护制度，全面建立资源高效利用制度，健全生态保护和修复制度，严明生态环境保护责任制度，生态文明制度体系的"四梁八柱"基本建立。在法治领域，将生态文明写进宪法，以《中华人民共和国环境保护法》为基础，以 30 多部专项法规为支撑，以 130 多部环境行政法规、近 2000 项国家环境标准以及诸多绿色规定为依托，逐步构筑起包含根本性法律规范、基础性法律规范、专门性法律规范的内容庞大、体系严密的绿色法律体系，为建设人与自然和谐共生的现代化提供了有力制度和法治保障。颁布实施《中华人民共和国长江保护法》《中华人民共和国湿地保护法》，修改《中华人民共和国土地管理法》《中华人民共和国森林法》，制定《中华人民共和国黄河保护法》等，生态保护法律制度日趋严密。

三、生态系统安全性和稳定性大幅提升

我国坚持山水林田湖草沙一体化保护和系统治理，组织实施主体功能区战略，建立健全自然资源资产产权制度、国土空间开发保护制度，构建"多规合一"的国土空间规划体系。以青藏高原、东北森林带、北方防沙带、南方丘陵山地带、海岸带和大江大河为骨架，以国家重点生态功能区为支撑，

构建国家生态安全屏障，编制实施国家重要生态系统保护和修复重大工程总体规划。建立以国家公园为主体的自然保护地体系，首创并设立了生态保护红线制度，把超过25%的国土面积划为生态保护红线，生态系统质量和稳定性显著提升，《2021中国生态环境状况公报》显示，2021年我国生态质量为一类的县域面积占到国土面积的27.7%，全国森林覆盖率达到23.04%。

四、环境质量实现历史性改善

针对损害群众健康的突出环境问题坚决打好污染防治攻坚战，2013～2016年我国陆续出台了大气、水、土壤污染防治"三个十条"，党的十九大报告提出要打好污染防治攻坚战，并将其作为决胜全面建成小康社会的"三大攻坚战"之一。生态环境部的数据显示，2021年全国地级及以上城市细颗粒物（PM2.5）平均浓度降至30微克/立方米，比2015年下降34.8%，空气中各类污染物排放均明显降低，成为世界上空气质量改善最快的国家。水生态环境保护实现了由水污染防治为主向水资源、水生态、水环境"三水统筹"的转变，2021年全国地表水Ⅰ～Ⅲ类断面比例升至84.9%，劣Ⅴ类水体比例下降至1.2%，长江干流全线连续两年达到Ⅱ类水体，实现了历史性突破。[①] 扎实推进净土保卫战，全国土壤污染加重趋势得到有效遏制，土壤环境质量总体保持稳定，土壤污染风险得到了基本管控。全面禁止"洋垃圾"入境，实现固体废物零进口目标。在经济保持较高增速的同时，生态环境状况持续改善，人民群众生态环境获得感显著增强。

五、绿色低碳发展迈出坚实步伐

从生产方式来看，改变了过去那种高消耗、高排放、高污染的经济发展

---

① 习近平. 决胜全面建成小康社会 夺取新时代中国特色社会主义伟大胜利——在中国共产党第十九次全国代表大会上的报告［EB/OL］.［2017-10-27］. https：//www. gov. cn/zhuanti/2017-10/27/content_5234876. htm，2017-10-27/2024-05-29.

模式，坚持新发展理念，大力推动能源结构、产业结构的绿色转型升级。从能源消费结构来看，煤炭占能源消费总量的比重持续降低，从 2012 年的 68.5%降至 2021 年的 56%，天然气消费占比和一次电力及其他能源占比持续上升。清洁能源消费占比达到 25.5%，可再生能源装机规模突破 11 亿千瓦，水电、风电、太阳能发电、生物质发电装机均居世界第一，新能源汽车产销量也稳居世界第一，建立了全球规模最大的碳市场。2012~2021 年，以年均 3%的能源消费增速支撑了年均 6.6%的经济增长，能耗强度累计下降 26.4%，相当于少用标准煤 14 亿吨，少排放二氧化碳近 30 亿吨，单位 GDP 二氧化碳排放强度的下降使我国超额完成了自主贡献目标，成为全球能耗强度降低最快的国家之一。深入推进供给侧结构性改革，积极化解过剩产能，新技术、新产业、新业态发展迅猛，发展方式绿色转型速度加快，2021 年高新技术制造业占规模以上工业增加值比重达到 15.1%，比 2012 年增加 5.7 个百分点。大力发展循环经济，实施园区循环化改造，建设一大批"无废城市"和大宗固废综合利用示范基地，2012~2021 年我国主要资源产出率提高了约 58%。①

第三节　促进人与自然和谐共生面临的挑战

要实现人与自然和谐共生，建设生态文明社会，我们还面临生态文化、机制体制、发展方式、科技创新、支撑能力等方面的问题。

---

① 戴秀丽．人与自然和谐共生现代化的阶段特征与推进策略研究［J］．兰州大学学报（社会科学版），2022，50（4）：54-62.

一、人与自然和谐共生的生态文明理念树立的紧迫性与社会生态文化基础薄弱的矛盾

党的十八大将生态文明建设提高到治国理政的高度，成为中国式现代化建设的基本价值遵循，是全党全国人民共同的行动纲领。习近平总书记在阐述生态与文明的关系时指出："生态兴则文明兴，生态衰则文明衰。"推动人与自然和谐共生发展，对于转变发展方式、改善民生、增进民生福祉具有重要促进作用，能为人民群众创造良好的生产生活环境，与社会的期望相符。但是，目前中国社会的生态伦理基础与人与自然和谐共生的生态文明理念要求存在差距，尊重自然、顺应自然、保护自然的伦理道德基础薄弱，适应生态文明要求的社会节约意识、生态环保意识、生产观念、消费理念还比较滞后。现实生活中，公民自觉践行生态文明的意识不强，绿色消费和绿色行为还有待加强。国家管理方面还存在不顾环境约束的经济发展至上、政府监管缺失等现象。所以，破解树立人与自然和谐共生的生态文明理念的紧迫性与社会生态文明伦理道德基础薄弱的矛盾，是推进中国生态文明建设的关键环节，任重道远。

二、生态文明制度保障的急迫性与现有机制体制不健全的矛盾

推进生态文明建设离不开制度护航，好的制度是生态文明建设、经济社会与资源环境全面协调可持续发展的保障。从目前的发展状况看，中国还处于推进生态文明建设的起步期，也是向绿色发展、低碳发展和循环发展全面转变的关键时期，制度不健全是突出问题。党的十八大以来，我国高度重视生态文明建设，制度建设不断强化。2015 年颁布的《生态文明体制改革总体方案》提出了加快建立系统完整的生态文明制度体系的要求，是生态文明现代化发展的保障。生态环境保护制度、资源高效利用制度、生态保护和修复制度、生态环境保护责任制度等生态文明制度相继建立，但各项制度的落

实与现代化发展的要求还有一定距离。在立法方面，中国虽然制定修订 30
多部生态环境领域法律和行政法规，覆盖各类环境要素的法律法规体系基本
建立，但政府和公众的环境法律意识还不够强，"守法成本高，违法成本
低"，有法不依、执法不严、执法不当等都严重制约着中国环境法律法规及
政策的有效实施。生态文明制度保障的急迫性与现有机制体制不健全及执行
力度欠缺的矛盾仍然突出，要破解机制体制存在的各方面问题，需要在制度
完善和落实上下功夫，其难度前所未有。

三、资源环境约束严峻与发展方式粗放的矛盾

从人与自然和谐共生的视角看，中国经济发展面临自然资源匮乏和资源
利用效率低下双重困境，发展方式粗放导致经济发展与资源环境约束的矛盾
突出。按照水土承载力估算，全国水资源、土地资源可承载能力已达到临界
值，粮食及主要农产品缺口渐大。到中国基本实现现代化的 2035 年，中国
将面临至少 10 亿吨标准煤的能源缺口。[①] 我国在资源能源消费总量快速跃居
世界前列的同时，资源匮乏和资源能源利用效率低下的问题突出。中国人均
淡水资源总量仅为世界平均水平的 1/4，是全球 13 个人均水资源最贫乏的国
家之一；人均石油储藏量相当于世界人均水平的 4%，2020 年石油与天然气
等战略性资源对外依存度已经分别达到 73% 和 43%。2021 年 8 月公布的第三
次全国国土调查结果显示，全国耕地共有 12786.19 万公顷，但人均耕地只
有 0.09 公顷，不到世界平均水平的 40%。同时，中国的能源利用效率低于
发达国家，每消耗一吨标准煤，我们只能创造 14000 元人民币的 GDP，而世
界平均创造 25000 元人民币，美国达 31000 元人民币，日本达 50000 元人民
币。所以，破解发展质量与环境约束间的矛盾，是实现人与自然和谐共生的
关键。

---

① 习近平.深入理解新发展理念［J］.求是，2019（10）：2.

四、经济发展方式转变客观要求与绿色科技创新能力薄弱的矛盾

中国新时代推进现代化建设，必须转变发展方式、优化经济结构、转换增长动力，推动经济发展质量变革、效率变革、动力变革，提高全要素生产率。这些变革中绿色科技和创新是动力源泉。虽然中国在创新发展方面取得了举世瞩目的成就，未来环境保护领域的科技投入还将进一步增大，但科技对推进人与自然和谐共生的支撑引领作用还非常薄弱。加强绿色科技创新能力建设，破解发展方式转变对科技的急迫需要和绿色科技创新能力不强的矛盾，是促进中国产业结构升级、提升竞争能力、实现绿色转型的关键。

五、生态环境改善要求与资源环境支撑能力不强的矛盾

随着"双碳"目标的提出，近年来中国的生态环境治理能力有了明显提高，资源环境支撑社会发展的能力大幅度提升，生态环境质量改善明显，但从人与自然和谐共生的方面来看，资源环境总体的支撑与保障能力不强，与社会需求还有一定差距，履行国际责任、推动人类命运共同体建设的任务艰巨。

第四节　促进人与自然和谐共生的思路与举措

如何实现人与自然和谐共生，行胜于言，归根到底在于建设，应着力构建立体多维的耦合机制，突出绿色发展的"可持续性"。

一、坚持绿色理念推进经济社会转型发展

（一）提升绿色创新能力推动其成果转化

习近平总书记指出："绿色发展，就其要义来讲，是要解决好人与自然和谐共生问题。"[①] 一是提升绿色自主创新能力，缓解资源的束缚。推动国家加大绿色科技的科研投入力度，鼓励企业、个人自主研发关键核心技术，对传统高污染、高耗能、高生产企业进行生态化转型，促进自然资源的可持续利用，在一定程度上缓解资源消耗与人的发展之间的矛盾。二是加快发展绿色生产力，促进产业结构升级。企业应充分发挥在绿色发展中的主体作用，时刻紧跟中国发展新能源的潮流，推动产业结构升级转型，积极拓宽新兴产业生态链，加紧推进对生态与节能环保、生物、新能源等产业的投资，最终实现生产的生态化与消费的绿色化。政府应利用政策积极引导、激励企业突出绿色生态优势，着重在产品、技术等方面下功夫，这样才能实现"稳增长"。三是建立健全绿色低碳循环经济体系。就国家层面来说，应出台一系列相关政策、法规来保障绿色低碳循环经济的发展，在多个城市、多个区域、多个领域，因地制宜开展循环经济、绿色经济、低碳城市的试验示范，为经济发展提供强大的绿色发展新动能，使经济发展兼顾质量、效益、速度的统一。

（二）践行绿色发展理念引领新生活方式

建设人与自然和谐共生的现代化，全社会应掀起一场由绿色理念引领的生产和生活方式的变革。一是转变经济发展方式，着力改善生态环境状况。传统经济是"资源—产品—废弃物"单向流动的线性经济，而人与自然和谐共生的现代化要求发展"资源—产品—再生资源"的物质闭环流动的生态经

---

① 习近平．深入理解新发展理念［J］．求是，2019（10）：2．

济。具体而言，以自然环境作为经济发展的生态约束，打造经济与自然高效循环的生态系统，在推动经济绿色可持续发展的同时满足广大人民群众的优美生态环境需求。二是全面贯彻新发展理念，加快推进绿色城市建设。习近平总书记指出："必须把保护城市生态环境摆在更加突出的位置，科学合理规划城市生产空间、生活空间、生态空间，处理好城市生产生活与生态环境保护的关系。"① 通过在时空上重组城市功能、资源要素来支撑城市高质量和区域协调发展，将生态文明贯穿到构建绿色城市的建设中，积极推进"海绵城市""智慧生态城市"建设，基于生态学原理，用互联网技术将城市应用与服务管理结合起来，有效缓解城市内涝现状，全力保障城市生态安全。三是倡导广大人民群众树立绿色、低碳的生活方式。坚决反对消费主义、金钱至上的价值观，引导人们主动减少物质浪费、自觉选择绿色产品，塑造全民性的新潮环保生活方式。在消费方式上，鼓励人们勤俭节约、绿色低碳，反对奢靡之风和铺张浪费，积极引导大众参与环境保护。

（三）大数据融合生态发展开启智能新生态

当前，全球性生态环境问题频发，第七十三届联大主席埃斯皮诺萨警告，世界正处于"一个真正危急的境地"。② 我国生态环境保护事业任重道远，党中央高度重视 5G、"互联网+"等技术在生态环境保护领域的应用，这将为中国经济发展注入新动能，不断推进生态文明建设实现新进步。当前，以 5G 为基石的"智联万物"时代已在生态环境领域徐徐开启，"绿水青山就是金山银山"的生态理念已经深入各大企业。通过 5G 建设催生数字化应用场景，创新多种环保在线监测方式，建立多维度、全方位现代生态环境监测体系，开展环境质量监测，加强对污染源的自动控制。打造大数据平台，整合共享实时的生态环境数据，助力解决生态污染问题。建立 5G、"互

---

① 欧阳志云. 处理好生产生活和生态环境保护的关系　把保护城市生态环境摆在更加突出位置 [N]. 人民日报，2021-04-09.
② 联合国呼吁国际社会积极行动应对气候变化 [EB/OL]. [2019-03-29]. http：//news. china. com. cn/live/2019-03/29/content_370580. htm？f=pad&a=true. 2019-03-29/2024-05-29.

联网+"以及人工智能、大数据等高科技融合生态的创新发展模式，对经济绿色发展至关重要，这是全人类未来进行生态保护所需要努力的方向。

二、完善生态文明制度体系构建制度保障

（一）加快完善生态文明法律制度

完善生态文明建设的法律体系，是实现人与自然和谐共生最有力的保障。一是增强生态文明法制体系的系统性、整体性和协同性，为推进人与自然和谐共生的现代化建设提供强有力的法律保障。立法部门应根据新形势和新要求，进一步调整和完善相关法律法规。要树立系统思维，密切关注生态环境领域的体制改革和实践创新，学习有效经验和做法，编制综合性的生态环境保护法规。二是建立健全生态环境保护法律制度，不断完善生态文明法律体系。把制度建设作为推进人与自然和谐共生的现代化建设的重中之重，为更好地保护绿水青山、建设社会主义现代化，提供更有效的制度保障，真正做到"有法可依"。

（二）严格落实生态治理问责机制

社会主义现代化建设强调人与自然和谐共生，但是在当前现代化建设的进程中，仍然有一些政府部门以牺牲生态环境为代价，追求片面的经济增长。政府部门公共职能的发挥直接影响生态建设的基本走向，因此严格落实生态治理问责机制，对于当前和今后一个时期建设人与自然和谐共生的现代化至关重要。完善生态文明责任追究制度，治理和保护生态环境，是政府义不容辞的责任。在建设人与自然和谐共生的现代化的大背景下，建立和完善生态责任追究制度，是我们当前工作的重点。一是要把生态文明责任制与考核评价制度有机结合起来，把生态保护作为国家政府工作的首要既定目标，严格进行生态安全保护考核工作评价。二是在法律上明确政府的环境责任。政府不能有效履行生态和环境保护责任，会严重影响生态环境保护的成效，

应通过相关法律法规明确政府的责任，确保政府的环境保护责任履行到位。三是要完善公众监督机制，引导公众监督政府的责任履行情况，保障人与自然和谐共生的现代化顺利实现。

（三）加强生态文明建设顶层设计

生态文明建设顶层设计可为建设人与自然和谐共生的现代化提供政治保障。一是坚持真理标准，坚定理论自信、制度自信，大力促进人与自然和谐共生。人与自然和谐共生是中国特色社会主义事业的本质要求，是人类文明的新发展，是民族复兴的重要保障。在新阶段，加强生态文明建设顶层设计必须继续坚持以习近平同志为核心的党中央的领导，坚持真理，为人与自然和谐共生的现代化的建设提供理论自信和制度自信。二是全面推进基础制度建设。实现碳达峰和碳中和目标，推动实现建设人与自然和谐共生的现代化的目标和任务。中国已经向国际社会承诺着力推进碳达峰和碳中和，并将其纳入生态文明建设总体规划。因此，必须推进基础制度建设，向世界证明中国现代化建设的实力。为实现这一目标，推进人与自然和谐共生，我们必须统筹推进各项制度的建设和完善，为实现碳达峰和碳中和目标提供制度支撑，为建设人与自然和谐共生的现代化提供坚实动力。三是重点推进关键制度建设和完善。马克思主义唯物辩证法告诉我们要抓住主要矛盾和矛盾的主要方面。在新时期，我们要把握人与自然和谐共生的主要矛盾和主要方面。建设人与自然和谐共生的现代化，要求我们统筹经济社会发展和生态环境保护，构建环境保护制度和生态文明建设制度，从而实现两者的统一，为社会主义的现代化建设提供保障。

三、鼓励全民参与生态治理共建社会合力

（一）培养全民绿色意识共建绿色家园

培养全民绿色意识，是建设人与自然和谐共生的现代化的必要路径。在

人与自然和谐共生的现代化的建设进程中，全民绿色意识的养成是重要环节。一是培养全民绿色发展意识。在全社会倡导绿色发展与生产，让人民群众在潜移默化中形成绿色发展意识。加大绿色发展的资金投入，实施绿色发展鼓励政策，提高全民绿色实践的积极性。培养全民绿色发展意识，要在全社会形成人人关心生态文明建设的社会风尚。二是培养全民绿色环保意识。举办绿色环保知识竞赛，鼓励全民积极参与，从而增强其绿色环保意识；开展全民绿色环保活动，促进绿色环保成为公众的自觉行动。

（二）开展全民绿色行动共创文明社会

习近平总书记强调："开展全民绿色行动，动员全社会都以实际行动减少能源资源消耗和污染排放。"① 人与自然和谐共生离不开社会上每个人的努力与付出。一是积极推进全民绿色低碳的生活方式，共建绿色社会。绿色生活主要包括文明健康的生活方式、勤俭节约的消费理念、绿色低碳的日常行为模式。应优先发展公共交通业，实现绿色出行；通过网络促进绿色理念的传播，构建低碳环保的生活模式。二是打造绿色企业。企业要提高自主创新能力，创建绿色企业文化，实现绿色生产，为人与自然和谐共生的现代化建设提供动力支撑。三是政府要形成绿色节约的办公方式，共建节约型政府。政府作为人与自然和谐共生的现代化建设的引领者，应通过进行绿色办公、落实绿色政绩考核等方式影响他人和社会。

（三）形成全民绿色观念共享美好生活

在人与自然和谐共生的现代化的建设进程中，要采取多种方法与措施，推动全民绿色观念的形成。一是要帮助人民群众转变传统就业观，树立绿色就业观。开展与就业相关的就业培训指导课程，加大就业资金投入，鼓励绿色产业的发展，保障居民绿色就业。开展线下绿色就业宣传，加深人民群众对绿色就业的了解。二是政府要加快构建生态文明体系。树立系统思维，强

---

① 习近平. 推动我国生态文明建设迈上新台阶［J］. 求是，2019（3）：3.

化绿色意识，统筹推进生态文明建设和经济社会发展，打好基础，扬长补短，为人与自然和谐共生的现代化建设、为人类追求更美好生活提供强有力的保障，从而开创生态文明新纪元。

四、推动人类命运共同体的生态共建

（一）积极倡导人类生态共同体意识

当前全球严峻的气候变化形势成为人类生存、发展与安全的"拦路虎"，习近平出席领导人气候峰会并发表重要讲话，指出国际社会要以前所未有的雄心和行动，共商应对气候变化挑战之策，共谋人与自然和谐共生之道，勇于担当，勠力同心，共同构建人与自然生命共同体。这表明整个人类社会需凝聚生态共同体意识，共同承担生态治理的责任。一是确立共同的生态伦理目标。目前全球各国并未完全意识到人类天生就是一个生态共同体、人与自然是一个生命共同体，世界领头大国应呼吁各国弘扬人类命运与共的全球伦理精神，形成同舟共济、共生共荣的全球伦理意识，最终把生态危机隐现的"地球村"建设成为一个清洁美丽的世界。二是开展全球生态伦理教育。全球各国应致力于培养具有生态意识、生态自觉、生态立场、生态责任的世界生态公民，破除国家、民族、地区之间生态治理限制，塑造世界公民整体性生态意识，为构建人类生态命运共同体打下坚实的思想基础。三是强化各国生态合作的理念。全球性生态危机不是由某个国家造成的，没有哪一个国家能够独善其身。国家间应构建生态合作机制，确立共同的生态伦理目标，不断强化国际生态合作意识，进而实现人类的可持续发展。

（二）进行共商共建共享的全球生态治理

进行共商共建共享的全球生态治理是实现人与自然和谐共生的有效途径。在全球生态治理问题上，各国需要在平等的基础上，充分考虑各国利益诉求，汇集各国优势和潜能，商讨出全球生态治理的最优方案。一是建立国家间协商机制。凝聚全球各国力量，通过对话与协商引导全国对全球生态问题进行深入探究，为解决全球生态问题贡献可行性方案。二是构筑国际共治机制。制度是构筑国际共治机制的前提。联合国应带领各个主权国家制定科学、合理的生态法律法规体系，对每个主权国家的生态行为进行规范和约束，明确划分每个主权国家的生态责任，为全球生态安全套上制度的外壳，维护整个人类的生态公平。三是实行国际绿色帮扶行动。通过组建国际性绿色组织、团体，设立绿色帮扶基金，对不发达国家进行技术、资金、人才等多方面的帮扶，协助其进行生态环境的治理和保护，实现人类共同参与、共同建设，共享生态成果。

（三）贡献生态保护和治理的中国方案

中国致力于为世界生态保护提供中国智慧、为世界环境治理贡献中国方案，努力增强在国际环境保护中的话语权与号召力，在全球生态治理中发挥着不可替代的作用。在全球生态价值观理念的指引上，中国始终坚持号召世界各国在生态环境治理上携手合作，共建清洁美丽的人类家园。始终倡导世界各国着力构建人类生态命运共同体，向世界各国传达出一个生态共识：生态问题不再是单个主权国家自身的事情，各个国家要自觉摒弃单边主义，一起为全球生态文明贡献自己的一份力量。马克思的世界历史理论论述了"历史向世界历史的转变"这一过程的规律性和必然性，表明世界是一个不可分割的整体，因此中国主张世界各国携手面对工业文明带来的生态问题。在保护全球生态的行动上，中国变革传统生态治理的手段和方法，在生态命运共同体中协调人与自然之间的关系，努力构建共商共建共享的生态治理模式，主动同发达国家交换相关生态治理意见，注重生态技术创新，同广大发展中国家联合开展生态建设，坚决摒弃不当的利益观，强烈谴责全球生态合作中的零和博弈。中国始终坚持以身作则，明确了生态治理目标，习近平总书记在第七十五届联合国大会上宣告，中国"二氧化碳排放力争于 2030 年前达到峰值，努力争取在 2060 年前实现碳中和"，为全球生态治理作出榜样。

第九章　推动构建人类命运共同体

人类命运共同体的核心内涵是在追求本国利益时兼顾他国合理关切，在谋求本国发展中促进各国共同发展。人类命运共同体作为一种外交理念，具有"分享、合作、共赢、包容"的精神内核，表明了中国外交"立足国内，兼顾世界"的基本立场和处事逻辑。而中国式现代化是坚持走和平发展道路而不走对外扩张老路，要求推动构建人类命运共同体、创造人类文明新形态的现代化。可见，推动构建人类命运共同体是中国式现代化的基本要求和发展基础。

第一节　人类命运共同体是中国式现代化的鲜明特质

一、构建人类命运共同体破解发展中国家发展面临的各种悖论，是中国式现代化发展的基本理论遵循

（一）构建人类命运共同体破解了"二战"后一些国家面临的现代化与国家独立性之间的悖论，这也是中国式现代化发展的鲜明特色

"二战"之后，一批殖民地半殖民地国家赢得了争取民族独立的胜利，

但随着冷战格局的出现，赢得独立地位的国家面临一个矛盾的选择：保持主权独立，就无法实现现代化；要实现现代化，就要丧失主权独立的地位。为什么会出现这样的悖论？一是这些国家选择的发展道路决定了其现代化的依附性。第二次世界大战后实现民族独立的国家选择的基本是资本主义道路。资本主义的世界体系，特别是其政治经济体系是有等级秩序的，处在这一秩序最高层的是西方少数发达国家。这些国家凭借自身的经济、政治、军事优势，把那些不发达的资本主义国家都纳入自身的经济政治体系，一些国家正是在这种依附性的经济政治体系中实现了自身的现代化。它们遵循的是西方经济发展模式，经济增长方式和发展制度被西方国家所影响。事实上，实现现代化的这些"二战"后实现民族独立的国家对西方发达国家经济政治的依附程度明显高于非现代化国家。

二是外国援助的附加条件也增强了其依附性。这些"二战"后实现民族独立的国家在实现现代化的过程中接受了外国援助，而外国援助所附加的条件增强了其依附性。依附理论的代表人物萨米尔·阿明在 1976 年就指出：人们甚至可以这样认为，多边援助带有迫使受援国接受一定技术模式和特定发展战略的更大危险性，"国际货币基金组织通常用'意向书'向请求援助的政府下达指示，指明该政府必须采取的经济措施，其中几乎一成不变地包含使贸易和外汇体制自由化的内容。国际货币基金组织的'忠告'总是极力主张经济稳定和自由贸易，也不管他人有寻求较为均衡的增长和较少不平均分配的要求"。① 这种"被现代化"的结果就是逐步丧失国家经济政治主权的独立性。而中国经济政治体系的发展是相对独立的，不受资本主义经济政治体系的"钳制性"影响。在经济上，中国实行的是社会主义市场经济体制，不同于资本主义市场经济体制，社会主义市场经济体制能够抵御资本主义市场经济的各种消极影响，包括对国家经济主权的影响。在政治上，中国建立的是工人阶级领导的、以工农联盟为基础的人民民主专政的国体，确立的是人民代表大会制度这一根本政治制度。这一国体和根本政治制度使中国

---

① ［美］塞缪尔·亨廷顿. 现代化：理论与历史经验的再探讨［M］. 罗荣渠，译. 上海：上海译文出版社，1993：82.

式现代化始终走在自己选择的政治发展道路上，不会成为其他政治制度和政治体的附庸。正是在这种独立的经济政治体系的基础上，中国式现代化发展道路才能走得通、走得好。

习近平总书记在庆祝中国共产党成立 100 周年大会上的讲话中指出："以史为鉴、开创未来，必须加快国防和军队现代化。强国必须强军，军强才能国安。坚持党指挥枪、建设自己的人民军队，是党在血与火的斗争中得出的颠扑不破的真理。人民军队为党和人民建立了不朽功勋，是保卫红色江山、维护民族尊严的坚强柱石，也是维护地区和世界和平的强大力量。"这种独立且又相互密不可分的外交关系就是构建人类命运共同体的根本，当今世界各国交流频繁，"世界是一个地球村"的理念越发凸显，我们要保护好自己的"地球村"，与地球同呼吸、共命运，共同构建"人类命运共同体"，而这一理念与中国式现代化发展的理念不谋而合，可见，构建人类命运共同体是中国式现代化发展的显著特质。

（二）构建人类命运共同体破解了所谓"现代性意味着稳定，而现代化意味着动荡"的"亨廷顿悖论"，这也是中国式现代化的本质要求

美国政治学家亨廷顿认为，对于致力于实现现代化的国家，"首要的问题不是自由，而是建立一个合法的公共秩序"。[①] 他强调，"现代化是近代以来世界历史发展的潮流和趋势，是一个世界性的历史进程"，但"现代性孕育着稳定，而现代化过程却滋生着动乱。产生秩序混乱的原因，不在于缺乏现代性，而在于为实现现代性所进行的努力"。[②] 这是一些发展中国家存在的现象，不少国家致力于实现现代性，也就是建立一个现代化的国家，以实现国家的稳定、繁荣和发展。然而，实现这一目标的过程往往是反现代性的，是动荡、混乱和失序的。这里，确实出现了某种现象：追求的目标是稳定繁荣，过程却是混乱贫困。出现这种现象的一个重要原因在于：在现代化过程

---

① ［美］塞缪尔·亨廷顿. 变革社会中的政治秩序［M］. 李盛平，等译. 北京：华夏出版社，1988：7.

② ［美］塞缪尔·亨廷顿. 变革社会中的政治秩序［M］. 李盛平，等译. 北京：华夏出版社，1988：44.

中，新的社会群体大量出现，这些群体之间的利益往往彼此冲突，而国家又没有能力解决这些冲突；国家实行的议会制度不仅不能促进最大共识的形成，而且会火上浇油般地加剧这些群体间的利益冲突；多党制使国家现代化的目标无法达成一致，一个党一个目标，一个党有一个党的想法，各个党派之间相互攻击，甚至大打出手。

纵观中国式现代化进程，这种悖论是不存在的。尽管中国式现代化是人类历史上人口规模最为巨大、过程最为复杂的现代化，但整个过程不会出现亨廷顿所说的现代性与现代化之间的矛盾，这也是中国倡导构建人类命运共同体的信心来源。首先，中国共产党没有自己的特殊利益，是为人民谋幸福、为民族谋复兴、为世界谋大同的先进政党，代表最广大人民群众的根本利益。中国共产党的先进性和纯洁性决定了它能够把各个阶级、各个阶层以及各个社会群体凝聚起来，实现他们各方面利益，消除各种潜在的社会不满，不会造成社会动荡；中国共产党的先进性和纯洁性决定了它能够促进各民族在中华民族大家庭中像石榴籽一样紧紧抱在一起，因为中国共产党能够准确把握中华民族共同体意识和各民族意识的关系，不断引导各民族始终把中华民族利益放在首位，本民族意识要服从和服务于中华民族共同体意识，同时要在实现好中华民族共同体整体利益进程中平衡好各民族具体利益；中国共产党努力建设一支维护党的集中统一领导态度特别坚决、明辨大是大非立场特别清醒、铸牢中华民族共同体意识行动特别坚定、热爱各族群众感情特别真挚的民族地区干部队伍，确保各级领导权掌握在忠诚、有干劲、担当的干部手中。其次，我们建设的现代化是以人民为中心的现代化，这样的现代化不仅要把实现人民对美好生活的向往作为重要的目标，而且能够充分发挥出人民群众在现代化进程中的主体作用。不仅如此，中国式现代化是建立在人民民主基础上的现代化，人民群众能够决定现代化的成果由谁共享、怎样共享。这样的现代化会不断释放出社会矛盾累积的压力，不会因为社会矛盾得不到释放而累积压力，造成社会大"地震"和社会大"断层"的状况。

二、中国式现代化是在创造人类奇迹过程中不断壮大的现代化，构建人类命运共同体就是创造人类奇迹

（一）中国式现代化正在实现罗素 100 年前的预言

1922 年，英国著名哲学家罗素结束在中国的讲学和考察后出版了《中国问题》一书，全面而系统地阐述了他对中国的认识。应当说，有些认识在100 年后的今天看来，仍然有其睿智的一面。罗素认为，中国还远不是一个工业化的国家，但这个国家实现工业化的机会非常大。机会首先在于中国的政治必须改变，要有一个好的政府与政治。罗素强调，中国未来的发展必须建立在一个有序政府的基础上，中国不仅能够很好地发展自己的工业，而且还能够避免走西方那种私人资本势力过大、人民备受其压制的工业化道路。罗素说："如果中国能建立势力巩固、信用卓著的政府，那么，工业的发展可免重蹈西方的覆辙。"① 不仅如此，罗素还预言，只要中国能够实现国家独立，而且不走西方那种帝国主义道路，中国一定会给人类展现出一种全新的图景。他说："如果中国的改革者在国力足以自卫时，放弃征服异族，以全副精力投入到科学和艺术，开创一种比现在更好的经济制度，那么，中国对世界可谓是尽了最恰当的义务，并且在我们这样一个令人失望的时代里，给人类一个全新的希望。"② 100 年前罗素的预言正在变成活生生的现实。中华人民共和国成立后，中国的工业化不断发展，中国式现代化道路越走越宽广，一个给人类带来希望的中国出现在人类文明的地平线上。在那个风雨如晦的年代，只有那些具有正义信念而且对人类进步有真正把握的思想家才能对中国的未来作出这样的判断。罗素的预见不仅是他作为思想家所具有的真知灼见的体现，也是他对中国情感的体现。

罗素一直强调，中国从未侵略过他国。他指出："如此说来，中国要胜

---

① ［英］伯特兰·罗素. 中国问题［M］. 秦悦，译. 上海：学林出版社，1988：195.
② ［英］伯特兰·罗素. 中国问题［M］. 秦悦，译. 上海：学林出版社，1988：198.

于我们英国。我们的繁盛以及我们努力为自己攫取的大部分东西都是靠侵略弱国而得来的，而中国的力量不至于加害他国，他们完全是依靠自己的能力来生存的。"① 中国的发展、中国式现代化始终靠自身内生的力量，而不是靠侵略他人或者是殖民他国，这也是构建人类命运共同体理念的基本要求。构建人类命运共同体本身就是中国式现代化发展的鲜明特色，罗素对中国预言的实现，提示了中国式现代化发展的必然性和重要性，中国式现代化的鲜明特质就是推动构建人类命运共同体。中国式现代化不是封闭的现代化，而是在全球性战略中不断发展的现代化，推动构建人类命运共同体创造了人类奇迹。

（二）中国式现代化正在实现古德诺 100 年前的猜想

古德诺是美国大学教授，1913~1914 年他被美国政府派往中国担任北洋政府的法律顾问。1915 年 8 月上旬，古德诺在北京《亚细亚日报》上发表了《共和与君主论》。古德诺提出："中国如用君主制，较共和制为宜，此殆无可疑者也。"这篇在中国鼓吹实行君主制的文章，立刻被袁世凯亲信奉为推行帝制的理论基础。当然，这种逆历史潮流的理论必然破产。袁世凯推行帝制失败后，古德诺回到美国，继续研究中国问题。1926 年，他撰写出版了《解析中国》一书。在该书的最后，古德诺指出，因为外来侵略加在这个国家身上种种灾难，使这个民族产生了强烈的爱国主义精神，开始努力寻求自身的振兴，"我们丝毫不用怀疑将来会有这么一天——当然没人能准确地说出到底是什么时候——中国人民族性格中那些内在的、最基本的优秀基因又将重新焕发出青春，中华文化又将重领世界的风骚。当这一天到来的时候，在世界的面前将奇迹般地出现一个崭新的中国，它将是一个有着良好秩序的国度。这样一个复兴后的中国将不负人们的期待，又将重新担负起她在历史上曾多次担负过的任务，向世界的其他民族贡献出她丰厚的文化积累，以补其他民族的不足"。尽管古德诺因为袁世凯的帝制复辟摇旗呐喊而被钉

---

① ［英］伯特兰·罗素. 中国问题［M］. 秦悦，译. 上海：学林出版社，1988：3-4.

在历史的耻辱柱上，但他的这段论述是客观的、清醒的。今天，在共产党的领导下，在社会主义制度的基础上，中华文明正焕发出新的生命力。马克思主义与中华优秀传统文化的结合更为深入，中国特色社会主义深深扎根于中华文明之中。马克思主义正在激活中华优秀传统文化，使中华优秀传统文化不仅成为广大百姓日用而不觉的内容，而且使中华优秀传统文化日益成为共产党人的价值理念、行为规则。例如，实事求是既是中国共产党的思想路线，又是党推进党内政治生活的基本规范，更是共产党人的价值观。中国特色社会主义正在把中华文明中关于国家治理的观念转化为制度体系，把中华文明中关于未来社会的追求变成一个又一个现实，把中华文明中关于人生的哲学理念变成公民的道德要求。推动构建人类命运共同体就是将中华上下五千年文明所蕴含的"分享、合作、共赢、包容"精神推向世界，这也是中国式现代化发展道路的基本要求。

第二节　推动构建人类命运共同体的现实基础

一、世界多极化

世界多极化是主要国际关系行为主体的实力对比逐渐趋向相对均衡的发展过程。这一趋势符合世界发展不平衡的客观规律。纵观历史上世界大国的兴衰可以发现，国家间的竞争从来不存在固定不变的格局，没有一成不变的强者。冷战结束后，美国成为唯一的超级大国，在政治、经济、军事、科技等各个领域都拥有明显的实力优势，在国际事务中的霸权主义政策和单边主义行为有所加强，短期内严重干扰了世界多极化进程。2003年的伊拉克战争就是美国单边主义恶性膨胀的结果。但是，冷战后国际力量的发展演变并未形成美国独霸的单极格局。长期来看，美国的优势不是绝对的。世界各种力量都在不断发展，尤其是发展中国家的整体实力明显上升，它们对国际事务的影响力有着不同程度的提高。单边主义政策与当今世界的潮流背道而驰，遭到越来越多国家和人民的反对和抵制。未来的世界不会由某个国家或国家集团主宰一切，而是世界各国在竞争中合作共处、相互依存、共同发展。多极化趋势是一种历史的进步，少数国家的霸权主义和强权政治将受到牵制，广大发展中国家在国际事务中将获得更大的发言权，进而推动国际关系民主化，为世界各国的平等交往与合作提供保障，为构建人类命运共同体创造条件。

二、经济全球化

经济全球化是 20 世纪 90 年代以来世界经济的重要特征，意味着世界各国的经济资源和生产要素可以在全球范围内有效配置，通过各国经济的优势互补，加深各国间贸易、金融、生产乃至经济政策领域的一体化程度，从而实现世界经济的强劲增长与繁荣。在经济全球化背景下，国与国之间的相互依存程度加深，国际合作与协调成为国际社会的主旋律。国际关系领域的一些传统概念受到冲击。零和思维被双赢、多赢和共赢模式取代，非此即彼的国际交往法则让位于"一荣俱荣、一损俱损"的新观念。在经济全球化背景下，经济危机具有很强的传导性，一国的危机可能迅速产生连锁反应，波及其他国家，甚至危及整个世界经济。在经济全球化背景下，任何国家的经济发展甚至生存都或多或少地依赖于别的国家，协调、合作成为国家间处理矛盾与冲突的主要方式，这是促进和平、防止冲突的重要保障。世界成为真正意义上的"地球村"，世界各国休戚与共，内外事务的公开性和透明性增强，全球意识得到广泛传播。总之，"在经济全球化的今天，没有与世隔绝的孤岛。同为地球村居民，我们要树立人类命运共同体意识"。① 经济全球化为构建人类命运共同体提供了现实可能。

---

① 习近平.习近平在二十国集团工商峰会开幕式上的主旨演讲 [EB/OL]. [2016-09-03]. https：//www.gov.cn/xinwen/2016-09/03/content_5105135.htm.

三、文化多样化

文化多样化是指人类文化在其表现形式上的丰富多彩。每个国家和民族不分强弱、不分大小，都有自己的特点，每个国家和民族在珍惜和维护本国本民族思想文化的同时，也要承认和尊重别的国家、别的民族的思想文化。习近平总书记在《创造性转化创新性发展中延续民族文化血脉》中指出："对人类社会创造的各种文明……都应该采取学习借鉴的态度，都应该积极吸纳其中的有益成分，使人类创造的一切文明中的优秀文化基因与当代文化相适应、与现代社会相协调，把跨越时空、超越国度、富有永恒魅力、具有当代价值的优秀文化精神弘扬起来。"① 构建人类命运共同体，只有尊重文化多样化，相互借鉴、求同存异、和睦相处、互相促进，才能创造百花争艳、万紫千红的世界。

四、社会信息化

社会信息化是指在信息化时代，人类一切社会生活领域全面实现信息化的过程，通过最大限度开发利用信息资源，提高社会生活领域的信息技术应用水平，为社会提供更高质量的产品和服务。从社会发展史看，人类经历了农业革命、工业革命，正在经历信息革命。人类社会的进步在一定程度上取决于人类认识和利用资源的能力，信息是一种新兴的资源，对信息技术的开发和应用是没有止境的。社会信息化将全人类紧紧联系在一起，网络互联、信息互通在技术上为构建人类命运共同体做足了准备。

---

① 习近平. 在纪念孔子诞辰 2565 周年国际学术研讨会暨国际儒学联合会第五届会员大会开幕会上的讲话［EB/OL］.［2019-07-01］. http：//www. qstheory. cn/2019-07-01/c_1124694721. htm.

第三节　推动构建人类命运共同体面临的挑战

一、利益难题

社会历史发展经验表明，利益是思考国家、民族和个人行动最基础、最重要的要素。在国际合作过程中，一旦利益距离失衡，合作行动就会遇到新的障碍，合作各方就要重新进行利益协调，以此来缩小利益差距。"在这个迅速全球化的世界中，我们都是相互依赖的，因而没有人能够独自掌握自己的命运。"① 在此背景下，各个民族国家在世界范围内形成共同利益，是构建人类命运共同体之必需。然而，许多国家都只考虑自己国家的利益，这些仅考虑自身利益的行为使主体之间摩擦不断，共同利益的形成十分艰难，大大影响了一些国家参与构建人类命运共同体的积极性。目前各个国家之间的利益错综复杂，对抗对立仍属常态。如何开创对话与合作的新机制，是人类命运共同体构建中的一大难题。

二、价值难题

价值难题是因自我价值与他者价值差异而形成的现实难题。这是因为东西方国家历史境遇不同、文化不同，秉持不同的价值标准。不同的文化背景会产生价值认同的危机，进而引发西方世界对人类命运共同体价值的正当性产生质疑。就人类命运共同体的构建而言，中西方学者有不同的看法。由于价值观念的差异，很长一段时间以来，美欧日的一些学者将人类命运共同体

---

① 王丹莉，王曙光．新中国全球化战略70年：从独立自主到人类命运共同体［J］．党政研究，2019（5）：13-21.

视为中国崛起后的战略表达，认为其挑战了西方主导的全球治理体系，并试图将国际秩序中国化，会对现行的国际秩序造成冲击。即使共商、共建、共享、合作、共赢等人类命运共同体的行动价值理念在概念上有共同性，但一旦进入不同民族、不同国家同其传统、文化、制度、政治意识形态以及具体的问题相结合，认识上的差异便出现了。在现实社会中，由价值差异形成的距离会阻碍合作行动的发生。

三、实力难题

国际规则本质上是各国利益博弈的结果，尤其是大国利益博弈的结果。由于国家实力不同，长期以来国际秩序、规则的制定都是由资本主义强国来完成，带有欠缺公义的"行为的向己性"。当前世界体系仍是资本主义主导、基于国家实力而不平等的结构性体系时，不同国家间的实力差距将给人类命运共同体构建造成阻碍。目前西方发达国家掌控着先进的科学技术，在国际秩序、经济贸易规则制定中拥有绝对的话语权，往往带有利己性，而发展中国家依旧处于不利地位，这给发展中国家平等参与国际秩序和全球治理体系带来巨大障碍。人类命运共同体可以超越国家的具体形态，但是不能脱离国家的利益诉求，因此，要处理好共同体与实力大国之间的关系，否则国际规则制定与实施的偏颇，将导致共同体认同感和向心力的丧失，最终导致国际社会失序和溃败。

四、环境难题

全球环境治理成为治理主体利益角逐的重要领域，建设清洁美丽的世界是人类命运共同体构建在生态环境领域的主要目标，人类命运共同体的构建在生态层面面临多重问题。一是参与全球环境治理的国家之间的发展程度与实践能力各异，对环境的诉求千差万别；二是各国在环境治理方面想法众多但缺乏切实的执行力；三是受逆全球化的影响，加之现有的国际治理机制仍存在很多问题，导致全球环境治理的难度增加。面对严峻的全球能源枯竭与气候变化问题，中国作为负责任的大国，呼吁各国携起手来，共同应对自然环境恶化挑战。构建生态命运共同体，有助于化解全球性生态危机，进行推动人类命运共同体的构建。

第四节　推动构建人类命运共同体的思路与举措

一、培育全人类的共同价值

全球不同国家互联互通是客观存在的事实，构建人类命运共同体关乎整个人类的福祉，关涉世界各国的发展。在资本主义国家敌视和遏制社会主义国家发展的场域中，尤其是对中国的意识形态发起猛烈攻击的今天，全球亟须构建价值趋同的人类命运共同体，形成一致的价值取向，凝聚各国人民的思想共识。习近平以强烈的使命担当指出，"推进构建人类命运共同体，必须遵循自由、民主、正义、和平的共同价值"，① 在国内外局势异常复杂的时代，培育世界各国的人类命运共同体意识、形成共同价值尤为重要。自由主义和现实主义长期把控国际关系，导致处理全球国际关系时"冷战思维"甚嚣尘上，全球意识形态竞争和割裂加剧，霸权主义思维得到强化。需要立足国内外局势构建人类命运共同体，着眼于增强各国人民对自由、平等、公正等理念的认同。

不可否认，全球化背景下世界各国之间的依赖程度加深，然而在现实主义的驱动下，各国着眼于本国利益陆续出台限制他国发展的政策，导致逆全球化日趋严重。中国共产党立足更高的维度和更深的层次倡导培育全人类的

---

① 习近平. 让多边主义的火炬照亮人类前行之路——在世界经济论坛"达沃斯议程"对话会上的特别致辞［N］. 人民日报，2021-01-26（02）.

共同价值，以世界各国的共同利益为着力点，推动各国发展向着共同繁荣的方向前进。国际关系错综复杂，全球不管什么宗教和种族、不管什么制度和地域，都是命运与共、利益相连的整体。如果无法以构建人类命运共同体为基础来应对国际事务和国际关系，任由某一国家持续挑起各种争端和矛盾，全球将无法达成思想共识。中国共产党立足人类发展全局推动构建人类命运共同体，科学揭示了人类可持续发展的正确方向，号召世界各国通力保护人类的发展空间。在挑战和风险日益增加的态势下，世界各国需要增强风险意识，深刻认识单一国家应对全球性风险和挑战的局限性，树立以全人类的力量来化解风险的观念，凝聚世界各国建设人类美好家园的磅礴力量。

二、推动经济全球化发展

新时代逆全球化思维甚嚣尘上，影响了世界经济的健康发展，亟须从顶层设计出发协调宏观经济政策，助力世界经济的快速恢复。西方国家普遍以逆全球化行径保护本国经济发展，使价值链本地化加速发展，试图让经济发展重归互不联系的孤立状态，这种思维无益于世界经济的复苏，亦无益于构建人类命运共同体。世界经济的全球化是大势所趋，各国经济发展不可能回到曾经的孤立状态。针对目前世界经济复苏缓慢的现状，世界各国需要立足顶层设计着力协调宏观政策，根据经济发展的现实情况，调整经济结构、挖掘经济新增长点、转变经济发展模式，畅通各领域的沟通交流，推动世界经济的平稳复苏。同时，世界各国需要不断扩大开放的程度，在大开放、大包容、大合作中迎来经济的繁荣发展，时刻谨记封闭将造成经济的普遍衰退，不利于世界人民追求美好生活。当前，要实现世界经济的复苏和不断增长，必须坚持开放和共赢的发展理念。中国正是秉持开放和共赢的态度着力构建人类命运共同体，坚定不移坚持开放共赢原则，在资金、贸易、投资、技术、人员等方面进一步扩大开放，在扩大开放、合作包容过程中，经济发展取得了巨大成绩。

即便是受到新冠疫情的影响，2022 年中国也保持了经济的正向增长，各项经济发展指标都在世界主要经济体中名列前茅，实现了社会的繁荣安定和人民的安居乐业。各国需要坚持开放共赢原则，充分发挥世界市场的巨大潜力与显著优势，推进世界各国在贸易、往来、交流、技术等领域的深度融合，以开放和共赢来推动世界经济的发展。此外，需要着力推进世界经济普惠、均衡发展，借助共建"一带一路"的实践平台，推动经济全球化的深度发展，实现世界两大经济体的有机统一，使世界经济发展辐射力覆盖全球，让世界各国共享经济发展的红利，得到均衡、平等的发展机会，使发展成果更多惠及各国人民。

三、增强共同利益意识

尽管西方国家在发展范式和理念以及对世界发展大势的分析上与人类命运共同体的核心价值相背离，然而在处理生态以及经济发展等全球性的问题上，它们跳出了种族、国家的限制，开始考量人类共同生存的问题。西方国家难以因为"本国利益、民族优越"而漠视实际发展中存在的全球性难题。世界不同国家和民族需要以共赢、互利、融通、平等的理念，摒弃封闭短视、自私自利的错误政策，努力做到共担责任、聚合利益、应对挑战，全面化解发展阶段、政治制度以及意识形态层面存在的冲突，进行合作交流，建设全球治理体系，增强共同体意识。

在事关人类发展利益、共同生存的问题上，世界各国要清醒地认识到某一国家并不能彻底解决问题，需要世界各国共同参与和通力合作，才能有效解决共同性问题。我们需要深刻认识和深度思考的是，如何实现国际格局的合理调整，怎样明晰全球治理的执行主体，怎样健全治理制度，这一系列的问题倒逼全球治理体系的建设和改革。当前西方国家依旧是国际秩序的把控者，为了追求本国利益和资产阶级利益，对人类的共同利益和世界各国的普遍诉求置之不理，丧失了根据时代需求完善治理机制和改革国际秩序的能力。在此场域中，中国以强烈的责任感自觉参与全球治理，着力推动全球治理体系的改革。在建设和改革全球治理体系方面，中国主张以合作协商来解决全球性的安全问题，打破了资本主义国家"利益第一、本国优先"的狭隘观念，在全球范围内树立起了符合世界各国价值追求的"共同利益"意识，增强了世界各国对构建人类命运共同体的认同感。

四、完善和健全话语传播体系

构建人类命运共同体需要不断完善和健全话语传播体系。当前我国在构建人类命运共同体的过程中，存在着话语传播能力不足的问题，尤其是国际话语传播能力不强，加之东西方文化表达方式以及思维模式的不同，造成构建人类命运共同体难以获得深层次的国际认同，亟须通过创新传播主体、传播内容和传播方式来增强话语传播能力，完善和健全构建人类命运共同体的话语传播体系。在完善话语传播体系的过程中，需要加强话语体系建设，使中国在国际事务和国际交往中占据主动权。话语权的增强离不开系统、完整的话语体系，这是介绍和传播中国发展理念的关键。我国需要不断夯实经济发展基础，为提升人类命运共同体话语权提供坚实的物质支撑；强化话语体系的理论逻辑性，增强话语体系的理论性和科学性；进一步拓宽话语传播的路径，将中国故事和中国声音更好更快地传播出去；进一步推进话语传播主体的多元化，着力破解传播能力弱的问题。

在话语传播过程中，需要立足官方政府，发挥民众、非政府组织的传播作用，在国际文化交流、国际贸易等活动中传播构建人类命运共同体的理念。在互联互通的时代，"在各方面的认同之中，文化认同的重要性日趋明显"。[1] 在漫长的历史积淀中不断发展的中华文化，因独特的魅力具有强大的吸引力，可通过传播蕴含构建人类命运共同体相关理念的优秀文化来引发世界人民产生情感共鸣，增强世界人民对构建人类命运共同体的认同。值得注意的是，需要承认不同国家在思维、表达以及文化层面上的差异性，在以中华优秀传统文化推动构建人类命运共同体的过程中，既要体现中国特色的思

---

① ［美］塞缪尔·亨廷顿. 文明的冲突与世界秩序的重建［M］. 周琪，等译. 北京：新华出版社，2010：108.

维和话语表达方式，还要分析不同国家受众的特点和习惯，使用贯通中外的表述形式以及概念，实现"我们想讲与国外想听、陈情与说理"的有机结合，注意防止出现因文化差异而导致的理解偏差，切实增强话语传播的公信力和感召力。此外，在具体的话语传播实践中，应依托实践传播、理论传播等多样化的路径，全面阐释和整体彰显全人类休戚与共的共同体理念，同时大力推动中国新闻媒体行业质量与数量的双重发展，提高构建人类命运共同体理念的传播能力，扩大传播的覆盖面。总之，应立足传播主体的多元化、传播内容的丰富化以及传播路径的多样化，完善和健全构建人类命运共同体的话语传播体系，在增强话语权中提高话语传播能力，赢得世界人民对构建人类命运共同体的由衷支持和高度认同。

"人类命运共同体"是以习近平同志为核心的党中央基于对国内外形势和现状的准确判断提出的中国新式外交理念。它既是对中华人民共和国成立以来历届政府外交理论成果的继承，也是对过去历届政府外交理念的超越。继承体现在它仍然属于中国特色社会主义思想体系的一部分，仍然坚持和平共处五项原则，坚定不移地走和平发展道路，始终体现合作共赢的外交理念；而超越体现在它是基于全球形势的变化以及中国国际地位的提升这些客观因素提出的。这种构想必将带有更多的主动性，既是理论层面的理念，也是一种实际的行动方针。中国必将为全人类的利益贡献中国力量，也必将用实际行动推动国际社会朝着更加合理的方向迈进，最终推动"人类命运共同体"的实现。

第十章　创造人类文明新形态

习近平总书记在庆祝中国共产党成立 100 周年大会上的重要讲话中指出："我们坚持和发展中国特色社会主义，推动物质文明、政治文明、精神文明、社会文明、生态文明协调发展，创造了中国式现代化新道路，创造了人类文明新形态。"这是一个具有重大世界历史意义的判断。党的二十大报告进一步指出，创造人类文明新形态是中国式现代化的本质要求之一。

中国式现代化道路是中国共产党带领人民历经百年奋斗实践出的新路，不仅是马克思主义中国化时代化的生动实践，也是人类文明新形态的创新突破。习近平新时代中国特色社会主义思想的卓越成就是带领中国人民成功走出中国式现代化道路，创造了人类文明新形态。人类文明新形态是中国共产党带领中国人民实现中华民族伟大复兴的正确理论，是立足时代前沿、与时俱进的科学理论。人类文明新形态以全新视野深化了中国共产党对社会主义建设规律和人类社会发展规律的认识，实现了马克思主义中国化时代化的历史性飞跃和创造性升华，具有深厚的理论基础和时代内涵，对于推动中国与世界交流合作、提高中国国际话语权具有深远的历史意义。

第一节　人类文明新形态是中国式
现代化的价值彰显

　　人类文明新形态产生并贯穿于中国式现代化的建设和发展进程中，是中国式现代化的本质要求之一，彰显了中国式现代化的重大价值，具有深刻的理论内涵和时代意义。

一、创造人类文明新形态的逻辑梳理

　　中国式现代化是人类文明发展新形态，我们不仅要解决自己的问题，"走自己的路"，同时我们还要通过中国方案、中国智慧为人类发展问题贡献力量。创造新的人类文明形式需要历史思维。历史自觉是在深刻把握社会发展历史规律的同时以及充分剖析社会发展趋势的情况下，积极采取有效的应对措施。中国特色社会主义是在 20 世纪下半叶世界历史变迁、时代主题转变、苏联模式由盛转衰以及新技术崛起的大环境下兴起的。中国共产党顺应历史发展规律，顺应时代进步潮流，积极应对形势变化带来的机遇和挑战。人类文明是在不断的矛盾运动中发展进步的。在百年未有之大变局下，高度不确定性给世界和平发展及人类文明进步带来了挑战。中国式现代化作为人类文明的新形态，是中国共产党在充分吸收马克思主义理论的基础上，充分理解其中的思想逻辑与历史视野，并结合我国实际，在全面建成小康社会、打赢脱贫攻坚战，缩小世界贫困人口版图的基础上，以全新的高度和创新性的思维直面人类共同的挑战，提供的中国智慧与方案。

二、人类文明新形态的价值意蕴

（一）人类文明新形态以坚持人民至上为价值追求

人类文明新形态是服务于人的全面发展和全体人民共同富裕的新形态。我们党领导全国各族人民开创的符合我国实际的现代化道路，破除了西方既定的以资本为中心的资本主义现代化道路，创造了人类现代化发展的中国奇迹。人民群众是历史的创造者，是中国式现代化建设的主体力量和最大底气。我们党致力于推进代表最广大人民根本利益的中国式现代化。人民群众创造文明、共享文明，更是文明的追求者。中国式现代化不仅承载着全面建设社会主义现代化国家的崇高使命，也担负着促进人的全面发展和社会全面进步的历史重任。人类文明新形态是依靠人民创造的，在推进中国式现代化进程中调动人民的积极性、主动性和创造性，是对社会主义现代化建设规律的深刻把握和正确运用。

新时代十年来，以习近平同志为核心的党中央以"人民对美好生活的向往，就是我们的奋斗目标"① 为前进动力，团结带领人民完成全面建成小康社会的第一个百年奋斗目标，历史性地解决了绝对贫困问题，开启了全面建成社会主义现代化强国新征程，统筹推进"五位一体"总体布局，为全体人民共同富裕奠定了坚实基础。"十四五"时期，基于满足人民日益增长的美好生活需要的发展要求，要把新发展理念贯穿收入分配结构优化、公共服务均等化、教育公平发展的全过程，在推进社会公平正义中让人民获得更高的幸福感。

（二）人类文明新形态以实现中华民族伟大复兴为崇高使命

人类文明新形态是推动我国发展和实现中华民族伟大复兴的新形态。中

---

① 习近平. 习近平在十八届中共中央政治局常委同中外记者见面时强调人民对美好生活的向往就是我们的奋斗目标 [J]. 党建，2012（12）：31-32.

华民族五千多年的文明积淀，为推动人类文明不断发展进步做出了巨大的贡献。但鸦片战争后，中华文明一度衰落，中华民族陷入危难之中。而复兴中华文明、开创中华民族伟大复兴的新道路，就成为近代以来我国各族人民的奋斗目标。中国共产党成立以后，自觉承担起中华民族伟大复兴的历史使命。在百年奋斗历程中，不管面对何种困难和挑战，我们党都始终把握历史脉络，积极团结带领各族人民沿着正确方向坚定前行，创造出一个又一个伟大成就，使中华民族从站起来走向富起来，再到强起来，不断实现中华民族发展的伟大飞跃。改革开放以来，我们党领导我国各族人民不断总结实践经验，找到了中国特色社会主义这条实现中华民族伟大复兴的正确道路。新时代十年来，以习近平同志为核心的党中央确立了新时代坚持和发展中国特色社会主义的基本理论、基本方略，用新发展理念统领发展全局，谱写了新时代坚持和发展中国特色社会主义的崭新篇章。

习近平总书记在党的二十大上指出："从现在起，中国共产党的中心任务就是团结带领全国各族人民全面建成社会主义现代化强国、实现第二个百年奋斗目标，以中国式现代化全面推进中华民族伟大复兴。"① 中国特色社会主义实践发展催生了中国式现代化和人类文明新形态。中国式现代化和人类文明新形态是中国特色社会主义的"两翼"，必然对中国特色社会主义的发展产生重大而深远的影响。以中国式现代化全面推进中华民族伟大复兴，不仅意味着中国式现代化既是实现中华民族伟大复兴的根本途径也是这一历史重任的肩负者，而且意味着人类文明新形态必然以实现中华民族伟大复兴为崇高使命。

（三）人类文明新形态以推动构建人类命运共同体为责任担当

人类文明新形态是弘扬全人类共同价值和为人类文明做出重大贡献的新形态。党的二十大报告指出，我们要"拓展世界眼光，深刻洞察人类发展进步潮流，积极回应各国人民普遍关切，为解决人类面临的共同问题作出贡献，以海纳百川的宽阔胸襟借鉴吸收人类一切优秀文明成果"。当今世界大

---

① 习近平. 高举中国特色社会主义伟大旗帜　为全面建设社会主义现代化国家而团结奋斗——在中国共产党第二十次全国代表大会上的报告［J］. 中华人民共和国国务院公报，2022（30）：4-27.

变局带来更多不确定性，各国人民前途命运的联系日益密切，应该齐心协力应对挑战，携手开创共同发展新局面。人类文明新形态基于维护世界和平、促进共同发展的宗旨，弘扬"和平、发展、公平、正义、民主、自由"① 的共同价值观，致力于"建设持久和平、普遍安全、共同繁荣、开放包容、清洁美丽的世界"，② 既为正确回答合作还是对抗、开放还是封闭、互利共赢还是零和博弈等关乎人类前途命运的重大时代问题指明了正确方向，也有力回击了"文明冲突论""文明优越论"和"中国威胁论"，推动"文明交流"、"文明互鉴"和"文明共存"。

构建人类命运共同体所倡导的对话协商、共建共享、合作共赢、交流互鉴和绿色低碳，深刻反映了全人类共同的价值追求，得到了国际社会广泛认同，成为中国引领时代方向的鲜明旗帜，彰显了大国责任与担当，为国际秩序和国际体系朝着更加公正合理的方向发展注入了强大动力。共建"一带一路"是在推动构建人类命运共同体过程中着力打造的具有中国特色的国际合作平台，它以共商共建共享为原则，着眼于中国同"一带一路"沿线国家及世界各国共同发展。"一带一路"倡议已成为中国同世界共享机遇、共谋发展的全球公共产品及创新全球经济治理新模式的国际合作平台。人类命运共同体所彰显和倡导的全人类共同价值观与共同利益观，符合实现中华民族伟大复兴的中国梦和世界各国人民的梦想相结合的最大公约数，使人类文明交流互鉴成为维护世界和平、促进共同发展的纽带。与此同时，中国作为全球治理体系建设和改革的重要参与者和贡献者，广泛推行人类文明新形态治理理念，为造福全人类贡献了中国力量。中国特色社会主义文明新形态所蕴含和倡导的文明理念，是我国对人类文明发展之问的智慧应答，它在发展道路上破除了"现代化即西方化"的先验观念，在发展逻辑上根本不同于某些文明只对物质、自身的片面追求，为世界文明发展繁荣指明了新方向。

---

① 习近平. 在中华人民共和国恢复联合国合法席位 50 周年纪念会议上的讲话 [J]. 中华人民共和国国务院公报，2021（31）：4-6.

② 习近平. 决胜全面建成小康社会　夺取新时代中国特色社会主义伟大胜利——在中国共产党第十九次全国代表大会上的报告 [N]. 人民日报，2017-10-28（01）.

第二节 人类文明形态的历史演进

一、宏观视野：从物质生产方式及其生产发展的方向看人类文明形态的演进

深入把握人类文明形态的演进趋势，必须把物质生产方式作为人类文明形态的核心和文明演进的主线。此外，还必须从人类物质生产发展方向与自然物质层次的对应性上来把握文明的演进趋势和阶段性。人类物质生产是依据自然物质的层次由浅入深发展的："生命物质—生物文明"——"化学物质—化学文明"——"物理物质—物理文明"。每个大的文明阶段又分为初级和高级两个小的阶段：在初级阶段，人类依靠采集利用某类天然物质进行生产；在高级阶段，人类则能够人工生产和利用某类物质。所以，"生物文明""化学文明""物理文明"这三大文明又划分为六个小的阶段或时代："天然生物时代—人工生物时代"——"天然化学时代—人工化学时代"——"天然物理时代—人工物理时代"。

二、具体视角：从生产、生活、交往活动的组织方式看人类文明形态的演进

（一）从生产组织方式考察人类文明形态演化

生产组织方式事关人类是否能够生存维系下去。从这个意义上讲，人类文明形态归根结底是社会形态的表现形式。马克思指出："生产关系总合起来就构成所谓社会关系，构成为所谓社会，并且是构成一个处于一定历史发

展阶段上的社会，具有独特的特征的社会。"① 人类的协作方式是受生产力发展水平制约的，一个民族找到了适合其生产力水平的人类协作方式，那么其文明就会繁荣发展；反之，一个民族的协作方式不适合其生产力的发展要求，其文明就有可能衰落。因此，有什么样的生存方式，就一定有什么形态的文明。

人类文明是一个不断发展的过程，但其发展是不平衡的，往往表现为彼此消长的过程。公元前 3000 年，我们可以认为地球人类文明的中心是两河流域；之后因两河流域的民族更替，更为辉煌的是古埃及文明；公元前 273 年~前 232 年，孔雀王朝阿育王时代的印度可能会被选择为地球文明的代表；而稍后中国春秋战国直到汉唐时期，估计会被认定为地球文明的中心；公元 9~11 世纪，地球文明的代表恐怕应该算是阿拉伯伊斯兰文明了，尽管这个时候从东亚到欧洲都有强有力的竞争者。而且从建筑成就看，所谓新大陆即美洲的玛雅文明也达到了灿烂辉煌的程度。

（二）从生产组织方式变化考察人类文明形态的演化

人必须组织起来才能生存，但在不同的历史阶段人类的组织方式大为不同，个人在其中所表现的独立性也有很大的差异。马克思曾经提出了一个社会形态划分框架："人的依赖关系是最初的社会形态，在这种形态下，人的生产能力只是在狭窄的范围内和孤立的地点上发展着。以物的依赖性为基础的人的独立性，是第二大形态，在这种形态下，才形成普遍的社会物质变换，全面的关系，多方面的需求以及全面的能力的体系。建立在个人全面发展和他们共同的生产能力成为他们的社会财富这一基础上的自由个性，是第三个阶段。"② 基于马克思的三分法，人类大概经历了这样几个历史阶段，首先是"前文明形态"；其次是"内在分裂的文明形态"，这是人类通过内部分工而构建的文明形态，迄今为止的文明通常是建立在阶级分裂甚至对抗基

---

① 马克思，恩格斯. 马克思恩格斯文集（第 1 卷）［M］. 北京：人民出版社，2009：724.
② 马克思，恩格斯. 马克思恩格斯文集（第 46 卷）［M］. 北京：人民出版社，1979：104.

础上的；最后是每个人自由而全面发展的文明形态，这是人类文明发展的未来方向。

（三）未来社会："人自由而全面发展的文明"

"人自由而全面发展的文明"是未来社会的文明形态，是摆脱了对抗性的文明。按照马克思的设想，这种文明形态摆脱了以往"物的依赖"和"人的依赖"关系，实际上就是不仅在资本主义社会生产力高度发展的基础上，给人的自由发展创造物质条件，而且在资本主义文明形式给人自由的基础上，使人摆脱资本的控制，给人以真正的自由。在《共产党宣言》"无产者和共产党人"一节中，马克思、恩格斯指出，未来社会"将是这样一个联合体，在那里，每个人的自由发展是一切人的自由发展的条件"①。在资本主义文明中，"物的依赖性"还表现为人们的生产与生活还处在必然王国的制约下，即人们进行生产活动的盲目性，人类自身还不能自觉地根据需要来合理调节社会生产，这种调节只能依赖市场自发的盲目性。而未来社会"在保证社会劳动生产力极高度发展的同时又保证每个生产者个人最全面的发展"。马克思主义世界历史理论指向的是未来无阶级社会中人的自由和解放。可以预期，在未来因为实现了生产资料公有制，那么个体和全人类的彻底自由和解放就获得了物质基础和社会条件。

第三节　中国式现代化与西方现代化的比较

现代化作为一个世界历史进程，是近代以来人类社会发展的必然趋势，也是世界各国各地区发展的必经之路。西方国家最早开始现代化，现代化发展程度也最高。一般认为，以资本为中心、两极分化、物质主义膨

---

① 马克思，恩格斯．马克思恩格斯文集（第37卷）［M］．北京：人民出版社，1971：189．

胀、对外扩张掠夺等是西方现代化的本质特征。西方以资本为中心的现代化漠视人的存在；西方两极分化的现代化无视社会发展的正义；西方物质主义膨胀的现代化蔑视人性和自然的法则；西方对外扩张掠夺的现代化泯灭了人类的价值。而中国式现代化是中国人民在中国共产党带领下，依据自己独特的历史、文化、人口和自然资源禀赋作出的自己的选择。其是以人民为中心而不是以资本为中心的现代化，彰显文明的人道性；是开放包容而不是封闭排他的现代化，彰显文明的开放性；是全面协调而不是单向度的现代化，彰显文明的系统性；是和平发展而不是国强必霸的现代化，彰显文明的和平性。中国式现代化与西方现代化的本质区别具体体现在以下四个方面：

（一）人民至上对资本至上的超越

现代化的本质是人的现代化。西方现代化是以资本为中心的现代化，它听命于资本、受控于资本、服务于资本，无产阶级和广大劳动者本质上处于被压迫、被剥削、被统治的地位。而中国式现代化坚持发展为了人民、发展依靠人民、发展成果由人民共享。它有效体现了人民意志、有效保障了人民权益、有效激发了人民活力。正是因为亿万群众在党的领导下的伟大创造，中国式现代化才取得了历史性成就、发生了历史性变革。

近年来，中西意识形态领域的斗争加剧，西方资本主义鼓吹"现代化就是西方化""现代化就是资本化"的谬论，试图对内粉饰严峻的社会矛盾，对外颠覆我国民众价值观，对此，我国以伟大的智慧构想、坚定的实践贯彻，开拓出一条完全区别于西方现代化道路的中国式现代化道路，作出了有力回击。实践向人们证明、事实向人们证明：中国式现代化行！中国式现代化之所以行，是马克思主义基本原理行，是用马克思主义武装自己的党行，是中国人民伟大的团结性和无穷的创造伟力行！中国式现代化道路必将成为新的历史节点上一条通向美好社会、光明未来的康庄大道！

（二）共同富裕对两极分化的超越

西方现代化是以两极分化为表征的现代化，当前一些西方国家贫富分化严重、中产阶层塌陷，导致社会撕裂、政治极化、民粹主义泛滥。而中国式现代化是全体人民共同富裕的现代化，不是少数人的富裕，而是全体人民共同富裕。实现全体人民共同富裕，是马克思和恩格斯所设想的未来社会的重要特征。在中国式现代化道路孕育、形成和发展的过程中，我们党始终把实现全体人民共同富裕作为一条价值主线。中华人民共和国成立初期，毛泽东指出："现在我们实行这么一种制度，这么一种计划，是可以一年一年走向更富更强的，一年一年可以看到更富更强些。而这个富，是共同的富，这个强，是共同的强。"① 改革开放后，邓小平多次强调共同富裕的问题，指出："社会主义不是少数人富起来、大多数人穷，不是那个样子。社会主义最大的优越性就是共同富裕，这是体现社会主义本质的一个东西。"②

党的十八大以来，我们党把逐步实现全体人民共同富裕摆在更加重要的位置上，党的二十大指出要"维护人民根本利益，增进民生福祉，不断实现发展为了人民、发展依靠人民、发展成果由人民共享，让现代化建设成果更多更公平惠及全体人民"。③ 所以，中国式现代化是"为绝大多数人谋利益"的现代化道路。党的二十大报告明确了中国式现代化在 2035 年所要实现的总体目标："经济实力、科技实力、综合国力大幅跃升，人均国内生产总值迈上新的大台阶，达到中等发达国家水平。"所有这些，都为实现全体人民共同富裕描绘了高质量发展的蓝图。中国式现代化的共同富裕从总体上看，是全体人民的富裕；从实现内容上看，是物质和精神都富裕；从保障方式上看，具备了一系列制度基础；从实现方式上看，兼顾了效率和公平。

---

① 毛泽东文集（第六卷）［M］. 北京：人民出版社，1999：495.
② 邓小平文选（第三卷）［M］. 北京：人民出版社，1993：364.
③ 习近平. 高举中国特色社会主义伟大旗帜 为全面建设社会主义现代化国家而团结奋斗——在中国共产党第二十次全国代表大会上的报告［M］. 北京：人民出版社，2022：22.

（三）协调发展对物质优先的超越

西方现代化是以物质主义为核心的"单向度"现代化。中国式现代化坚持中国特色社会主义的协调发展、整体发展，是物质文明和精神文明相协调的现代化。中国共产党在领导中国式现代化的进程中，深刻认识到"物质贫困不是社会主义，精神贫乏也不是社会主义"。① 改革开放以来，我们坚持一手抓物质文明建设，一手抓精神文明建设。进入新时代以来，在统筹推进"五位一体"总体布局中，以习近平同志为核心的党中央致力于实现物质文明和精神文明相协调，把精神文明建设贯穿于现代化全过程、渗透到社会生活各方面：既促进物的全面丰富，又强调人的全面发展；既追求物质财富的富足，又强调精神状态的丰盈，突出思想的引领、文化的滋养、精神的支撑。

纵观世界各国的现代化建设实践，不少国家在实现物的全面丰富的同时，却陷入人的单向度发展的困境。一些发达国家，物质主义膨胀、享乐主义盛行、贫富分化严重；一些后发现代化国家，社会撕裂、政治极化、民粹主义泛滥。相伴而生的，是精神空虚、信仰动摇、价值观迷失等严峻问题。究其原因，很重要的一点就是没能以辩证、全面、平衡的观点正确处理物质文明和精神文明之间的关系。民族复兴需要强大的物质力量，也需要强大的精神力量。正如习近平总书记强调的，"当高楼大厦在我国大地上遍地林立时，中华民族精神的大厦也应该巍然耸立"。②

（四）和平发展对掠夺扩张的超越

西方现代化是以对外扩张掠夺为手段的现代化。中国人民要建设社会主义现代化强国，但我们坚持走和平发展道路，不会走扩张主义和殖民主义道

---

① 习近平. 高举中国特色社会主义伟大旗帜 为全面建成社会主义现代化国家而团结奋斗——在中国共产党第二十次全国代表大会上的报告［M］. 北京：人民出版社，2022：22.

② 习近平. 在文艺座谈会上的讲话［EB/OL］. http：//culture. people. com. cn/n/2015/1015/c87423-27699235. html.

路。中国式现代化坚持走和平发展道路，努力促进全球共同繁荣。走和平发展道路是中国式现代化的鲜明特征和必然选择。中国对现代化道路的探索，始终伴随着对坚持走和平发展道路的理论和实践创新。走和平发展道路，既是中国式现代化顺利推进的重要前提条件，也是其有效保障和有力支持；既反映出中国共产党对有利国际环境的主动战略塑造，更赋予中国式现代化宏阔世界眼光和强大道义力量。

中华人民共和国成立后，我们党大力倡导和平共处五项原则，这是我国对外政策的重要基石。党的十一届三中全会后，我们党提出和平与发展是当今时代的主题，把争取一个较长时期的国际和平环境和良好的周边环境作为外交工作的目标和任务，为改革开放和社会主义现代化建设顺利开展奠定重要基础。进入 21 世纪，我们党明确提出走和平发展道路，在 2005 年发布《中国的和平发展道路》白皮书、在 2011 年发布《中国的和平发展》白皮书，将坚持和平发展道路写入党章。党的十八大以来，习近平总书记强调："中国坚持走和平发展道路"，"无论发展到什么程度，中国永远不称霸、永远不搞扩张"。[①] 2018 年中国将坚持和平发展道路写入宪法，体现了致力于走和平发展道路的坚定决心。新时代，中国和平发展道路越走越宽广，中国式现代化道路也越走越宽广。

第四节　中国式现代化的时代价值与世界意义

一、中国式现代化的时代价值

中国式现代化在世界现代化发展中彰显了时代价值。中国式现代化促

---

① 习近平. 携手建设更加美好的世界 [N]. 人民日报，2017-12-02（02）.

使文明多样性发展，不仅缩短了预期目标的完成时间、避免了西方现代化发展的陷阱，使一个拥有14亿多人口的发展中大国整体迈进了现代化，极大地拓展了中国式现代化文明的新境界。中国式现代化成功开辟了人类现代化的新范式，不仅为我国在2035年顺利实现国家治理体系和治理能力基本现代化目标奠定了实践基础，而且拓展了发展中国家走向现代化的途径，对于推动人类社会进步和经济全球化进程都具有重大价值。中国式现代化是对西方现代化模式的超越，"破解了人类社会发展的诸多难题，摒弃了西方以资本为中心的现代化、两极分化的现代化、物质主义膨胀的现代化、对外扩张掠夺的现代化老路，拓展了发展中国家走向现代化的途径，为人类对更好社会制度的探索提供了中国方案"。① 中国式现代化道路开创了人类文明的新形态，人类文明新形态是中国共产党的伟大创造，是推动人类社会持续发展的创造性力量，是中国特色社会主义的必然产物，实现了对西方现代化模式的超越，在推动人类发展和社会进步、促进世界文明交流互鉴等方面，显现出鲜明的实践意义和时代价值。

二、中国式现代化的世界意义

（一）中国式现代化为维护世界和平稳定提供了有力支撑

全球化进程凸显了世界和平发展的重要性。和平是一种社会发展状态，是人类社会繁荣兴盛的前提，承载着人类的价值旨归。历经两次世界大战之后，和平与发展成为全人类共同价值观中的两大价值理念。过去几十年，互联网技术的快速发展加速了经济全球化进程，世界各国相互联系、相互依存的程度不断加深，一大批新兴市场国家和发展中国家在全球化进程中都走上了现代化发展道路，和平发展的愿望更加强烈，但霸权

---

① 习近平著作选读（第二卷）［M］．北京：人民出版社，2023：553．

主义、单边主义、地区冲突严重影响着世界的和平发展。在目前的世界局势下，粮食、能源作为确保全球和平稳定的基础物资，作为各国经济健康有序运行最为基础的生产生活资料，在一定范围内极有可能成为加剧世界不稳定性的重要因素，甚至可能引发更大规模的地区冲突。中国式现代化是走和平发展道路的现代化，维护世界的和平是中国共产党一贯的执政理念。面对世界的变局、乱局，中国共产党更是以时代之担当推动着社会的和平发展，以普惠共享等理念为全球的和平发展作出了中国贡献。

（二）中国式现代化为促进人类文明进步提供了广阔的空间

人类文明是人类在认识和改造世界过程中建立的物质文明和精神文明，是人类在认识和改造世界中的智慧表现。随着社会的不断发展、科技的不断进步，人类文明的表现形式既呈现多样性，又体现进步性。中国式现代化是物质文明和精神文明相协调的现代化。物质文明和精神文明相互依赖、相互促进，只有将二者都建设好，社会事业才能顺利向前推进。中国式现代化以中华优秀传统文化为历史根基，以马克思主义理论为指导，是将马克思主义理论与中华优秀传统文化相结合的现代化，蕴含着文明的延续、迭代和创新，刻画着中华五千年文明赓续的特殊规律，描绘着人类文明发展中的吸收借鉴方式，探寻着人类文明在国家、地区间创新发展的普遍规律。

近代以来，西方凭借工业化实现的现代化的本质是以物质为核心的单向度现代化，物质文明和精神文化处于分裂状态，社会也常常处于撕裂状态。中国式现代化以整体性思维为导向，将中国传统文化中的人文理念、马克思主义理论中的唯物主义和辩证法思想融入社会治理，既重视经济基础，又重视上层建筑。邓小平同志曾明确提出物质文明和精神文明要两手抓、两手都要硬的社会发展要求，强调了社会发展的整体性、全面性。党的十二届六中全会提出进行"经济体制改革、政治体制改革、精神文明建设，以经济建设为中心，构成了三位一体的总体布局"，以此推动社会主义现代化建设的全面发展。2005 年，明确提出社会主义经济建设、政治建设、文化建设、社会建设"四位一体"。党的十八大报告又将"四位一体"总体布局拓展为"五位一体"，即增加了生态文明建设。从两个文明建设到"五位一体"总体布局，是中国共产党面对中国社会实际，对社会主义建设事业不断发展完善的过程，是推动人类社会全面发展的文明建设过程。五大文明共生的现代化发展模式，拓宽了人类文明新形态的发展空间。

（三）中国式现代化为推动人与自然和谐发展贡献了中国力量

大自然是人类赖以生存发展的基本条件。中国古人将人与自然的关系一体化，提出天人合一、道法自然的哲学观点，为中国传统社会认识自然、合理改造利用自然提供了理论指导。但西方对人与自然关系的认识是在二元论思想指导下进行的，凭借着近代以来形成的强大科技力量改造和利用自然，虽获得了丰富的物质财富，人与自然的关系却严重割裂，自然界原有的平衡系统被打破，温室效应、气候变暖、土地沙化、河流污染等生态问题严重影响着人类的生存和发展。

党的十八大以来，以习近平同志为核心的党中央高度重视生态问题，形成了习近平生态文明思想。"绿水青山就是金山银山"的理论对中国创造举世瞩目的生态奇迹和绿色发展奇迹起到了重要作用。"两山"理念是新时代生态文明建设的根本遵循，是对中国式现代化进程中日趋严峻的生态问题的回应，是针对中国式现代化建设过程中出现的经济发展与生态环境保护冲突提出的解决方案和中国智慧。"两山"理念无论是理论内涵还是实践要求，都是对生态文明建设的重要创新，具有鲜明的中国特色。"两山"理念既是中国的，同时也是世界的。中国既以自身的生态文明建设解决了长期以来存在的生态顽疾，又以生态建设成效向世界证明了"两山"理念的生态价值。"两山"理念是当代中国对全球生态文明建设的重要贡献。

（四）中国式现代化为推进人类有序发展作出了重要贡献

目前，世界范围内的现代化，是西方一些主要国家经过工业革命进入资本主义社会后，依靠生产力的极大发展建立起来的现代化。由于其最早引领了世界现代化发展模式，因此被普遍认为是现代化的发展模式，又由于其长期以来一直占据绝对地位，因此被认为是唯一模式。与传统农业社会相比，资本主义现代化确实创造了丰富而巨大的物质财富，极大地改变了传统社会的生产方式和发展路径，引领了世界发展潮流，成为很多发展中国家走向现代化的道路。但历史证明，那些以西方资本主义现代化发展模式为样本的国家并没有真正进入其希望的现代化，反而因依赖发达国家而发展受限或常被制裁，在现代化进程中陷入倒退的陷阱。不仅如此，有些发展中国家和新兴市场国家因脱离本国实际，现代化发展道路上出现了许多无法解决的矛盾，社会出现混乱甚至发生局部冲突。如何探索出符合本国国情的现代化道路，一些发展中国家还在苦苦寻求答案。

中国式现代化是中国共产党领导的社会主义现代化，是以中国国情为根本，在学习借鉴吸收各国现代化共同特征基础上的中国式现代化。中国式现代化取得的巨大成功，不仅拓展了人类现代化的发展路径，而且向世界证明：在实现现代化的道路上，资本主义现代化模式只是用来学习借鉴的，各国完全可以走出一条符合本国实际的现代化道路。正如法国参议院副议长、法国共产党全国委员会主席皮埃尔·洛朗所指出的，"人类社会尝试过（不同发展模式），中国探索出一条新的道路，一条适合中国国情的发展道路"。①

---

①　法国参议院副议长、法共全国委员会主席皮埃尔·洛朗：中国式现代化是中国创造的符合中国国情的发展模式［EB/OL］. https：//www.fmprc.gov.cn/ziliao_674904/zt_674979/ywzt_675099/2022/xxgcddesdjs/ddzggcd_132671/202211/t20221123_10979799.shtml.

参考文献

［1］曹萍．坚持中国特色社会主义是中国式现代化的本质要求［J］．人民论坛·学术前沿，2023（4）：4-9+25.

［2］邓小平．邓小平文选（第三卷）［M］．北京：人民出版社，1993.

［3］董键铭．从人的全面发展看社会主义对资本主义的超越［J］．哲学研究，2023（2）：16-27.

［4］江国华．中国特色社会主义政治发展道路的法哲学阐释［J］．武汉大学学报（哲学社会科学版），2023，76（2）：5-19.

［5］梁大伟，茹亚辉．中国式现代化道路的独特优势［J］．东北师大学报（哲学社会科学版），2023（2）：37-43.

［6］马克思，恩格斯．马克思恩格斯选集（第四卷）［M］．北京：人民出版社，1995.

［7］马克思，恩格斯．马克思恩格斯选集（第一卷）［M］．北京：人民出版社，1995.

［8］毛泽东．毛泽东文集（第七卷）［M］．北京：人民出版社，1999.

［9］毛泽东．毛泽东选集（第二卷）［M］．北京：人民出版社，1991.

［10］毛泽东．毛泽东选集（第三卷）［M］．北京：人民出版社，1991.

［11］牛新星．试论中国式现代化推进全体人民共同富裕的内在逻辑与现实路径［J］．天津师范大学学报（社会科学版），2023（3）：42-48.

［12］任洁．全面理解中国式现代化的社会主义性质［J］．马克思主义

理论学科研究，2023，9（2）：35-44.

　　[13] 宋才发．共同富裕是中国特色社会主义的社会契约 [J]．广西社会科学，2023（1）：34-44.

　　[14] 王水兴．中国式现代化的生成背景、新文明特质和方法论启示 [J]．学术界，2023（2）：49-56.

　　[15] 吴海江，江昊．从"中国模式"到"中国式现代化" [J]．思想理论教育，2023（3）：34-40.

　　[16] 习近平出席中国共产党与世界政党高层对话会开幕式并发表主旨讲话 [N]．人民日报，2017-12-02（02）.

　　[17] 习近平．坚持节约资源和保护环境基本国策，努力走向社会主义生态文明新时代 [N]．人民日报，2013-05-25（01）.

　　[18] 习近平．决胜全面建成小康社会　夺取新时代中国特色社会主义伟大胜利——在中国共产党第十九次全国代表大会上的报告 [N]．人民日报，2017-10-28（01）.

　　[19] 习近平．在党的十八届五中全会第二次全体会议上的讲话（节选）[N]．人民日报，2016-01-01（01）.

　　[20] 习近平．在决战决胜脱贫攻坚座谈会上的讲话 [N]．人民日报，2020-03-07（02）.

　　[21] 习近平．中共中央关于党的百年奋斗重大成就和历史经验的决议 [N]．人民日报，2021-11-17（01）.

　　[22] 张云霞，孙品．中国式现代化的理论特质、系统结构与优化演进 [J]．学术探索，2023（5）：58-65.

　　[23] 中共中央文献研究室．毛泽东思想年编（一九二一——一九七五）[M]．北京：中央文献出版社，2011.

　　[24] 周积明．鸦片战争前中国现代化的三次延误 [J]．天津社会科学，1995（1）：83-89.

后 记

　　《理解中国式现代化：理论与实践探索》是在编委会的直接领导下进行撰写的，由中共重庆市涪陵区委党校常务副校长黎治国、副校长李外禾、区情研究室主任倪春华负总责，包括设计全书体系框架、拟定编写提纲和统稿定稿。第一章至第十章的作者依次是：倪春华、贾波、鲍旭源、洪业应、陈艺洁、毛笛、向思洁、张尘月、宋晓云、黄贤锋。《理解中国式现代化：理论与实践探索》的出版，是各位理论工作者辛勤劳动的结果。同时，在创作中我们也借鉴和吸收了许多专家学者的研究成果和相关资料，在此一并表示最真诚的谢意。鉴于我们水平有限，加之时间仓促，书中免存在疏漏与不足之处，敬请读者批评指正。

课题组

2024 年 2 月